AF311873

F. + 2736.

2722.
1

ORDONNANCE

DE
LOUIS XIV.
ROY DE FRANCE
ET DE NAVARRE.

Donnée à Saint Germain en Laye
au mois d'Aoust 1670.

Pour les matieres criminelles.

A PARIS,

Chez les Affociez choifis par ordre de fa MAIESTE'
pour l'impreffion de fes nouvelles Ordonnances.

M. DC. LXX.

TABLE DES TITRES

CONTENU S

EN CETTE ORDONNANCE

Pour les matieres criminelles.

I. DE la Competence des Iuges en matiere criminelle. page 3

II. Des Procedures particulieres aux Prevosts des Maréchaux de France, Vicebaillifs, Vicesenéchaux, & Lieutenans Criminels de robe-courte. 12

III. Des plaintes, Dénonciations & Accusations. 23

á ij

IV.   Des Procés verbaux des Iuges.   27

V.   Des Rapports des Medecins & Chirurgiens.   28

VI.   Des Informations.   30

VII.   Des Monitoires.   38

VIII.   De la Reconnoiffance des écritures & fignatures en matiere criminelle.   42

IX.   Du Crime de faux tant principal qu'incident.   46

X.   Des Decrets, de leur execution, & des Elargiffemens.   52

XI.   Des Excufes ou Exoines des Accufez.   61

XII.   Des Sentences de Provifion.   63

XIII.   Des Prifons, Greffiers des Geoles, Geoliers & Guichetiers.   67

XIV.   *Des Interrogatoires des Accusez.*   83

XV.   *Des Recolemens & Confrontations des Témoins.*   91

XVI.   *Des lettres d'Abolition, Remiſſion, Pardon pour eſter à droit, Rappel de ban de galeres, Commutation de peine, Rehabilitation, & Reviſion de procés.*   99

XVII.   *Des Defauts & Contumaces.*   110

XVIII.   *Des Muëts & Sourds, & de ceux qui refuſent de répondre.*   122

XIX.   *Des Iugemens & procés verbaux de queſtion & torture.*   126

X X. De la Converfion des procés Civils en Criminels, & de la Reception en procés ordinaires. 130

X X I. De la maniere de faire le procés aux Communautez des villes, bourgs & villages, Corps & Compagnies. 132

X X I I. De la maniere de faire le procés au cadavre ou à la memoire d'un defunt. 135

X X I I I. De l'abrogation des appointemens, écritures & forclufions en matiere criminelle. 137

X X I V. Des Conclufions diffinitives de nos Procureurs, ou de ceux des Iuftices feigneuriales. 139

XXV. *Des Sentences, Iugemens, & Arrests.*   141

XXVI. *Des Appellations.*   151

XXVII. *Des procedures à l'effet de purger la memoire d'un defunt.*   159

XXVIII. *Des faits justificatifs.*   162

ORDONNANCE

DE

LOUIS XIV.

ROY DE FRANCE,

ET DE NAVARRE.

OUIS PAR LA GRA-
CE DE DIEU, ROY DE
FRANCE ET DE NA-
VARRE, A tous presens
& avenir : Salut. Les grands avan-
tages que nos Sujets ont receus des
soins que Nous avons employez à

Criminel.　　　　　　　　　A

reformer la procedure Civile par nos Ordonnances des mois d'Avril 1667. & d'Aouſt 1669. Nous ont porté à donner une pareille application au Reglement de l'inſtruction Criminelle, qui eſt d'autant plus importante, que non ſeulement elle conſerve les particuliers dans la poſſeſſion paiſible de leurs biens, ainſi que la Civile ; mais encore elle aſſure le repos public, & contient par la crainte des châtimens, ceux qui ne ſont pas retenus par la conſideration de leur devoir. A CES CAUSES, de l'avis de noſtre Conſeil, & de noſtre certaine ſcience, pleine puiſſance & autorité Royale, Nous avons dit, declaré & ordonné, diſons, declarons, ordonnons, & nous plaiſt ce qui enſuit.

TITRE PREMIER.

De la Competence des Iuges.

ARTICLE I.

LA connoiſſance des crimes appartiendra aux Juges des lieux où ils auront eſté commis, & l'Accuſé y ſera renvoyé, ſi le renvoy en eſt requis; meſme le priſonnier transferé aux frais de la partie civile s'il y en a, ſinon à nos frais, ou des Seigneurs.

ARTICLE II.

CELUY qui aura rendu ſa plainte devant un Juge, ne pourra demander le renvoy devant un autre, encore qu'il ſoit Juge du lieu du delit.

ARTICLE III.

L'ACCUSE' ne pourra auſſi demander ſon renvoy aprés que lecture luy aura eſté faite de la dépoſition d'un témoin, lors de la confrontation.

A ij

ARTICLE IV.

L E s premiers Juges feront tenus de renvoyer les procés, & les Accufez qui ne feront de leur Competence, pardevant les Juges qui doivent en connoiftre, dans trois jours aprés qu'ils en auront efté requis; à peine de nullité des procedures faites depuis la requifition, d'interdiction de leurs charges, & des dommages, & interefts des parties qui en auront demandé le renvoy.

ARTICLE V.

L E s groffes des informations, & autres pieces, & procedures qui compofent le procés, ou qui y auront efté jointes; enfemble toutes les informations, pieces, & procedures faites pardevant tous autres Juges concernant l'accufation, feront portées au Greffe du Juge pardevant lequel l'Accufé fera traduit, s'il eft ainfi par luy ordonné.

ARTICLE VI.

L E s frais pour la tranflation du prifonnier, & le port des informations, & procedures, feront faits par la partie civile s'il y en a; finon

par le Receveur de noſtre domaine, ou du Seigneur de la Juriſdiction qui en devra connoiſtre:
& pour cét effet ſera délivré executoire par le
Juge qui en aura ordonné le renvoy, ou le port
des charges, & informations.

ARTICLE VII.

Nos Juges n'auront aucune prévention entre
eux ; au cas neantmoins que trois jours aprés le
crime commis nos Juges ordinaires n'ayent informé, & decreté, les Juges ſuperieurs pourront
en connoiſtre.

ARTICLE VIII.

Ce que nous entendons avoir lieu entre les Juges des Seigneurs, encore que celuy qui auroit
prévenu, fuſt Juge ſuperieur, & de reſſort de
l'autre.

ARTICLE IX.

Nos Baillifs, & Senéchaux ne pourront prevenir les Juges ſubalternes, & non Royaux de
leur reſſort, s'ils ont informé, & decreté dans
les vingt-quatre heures aprés le crime commis.
N'entendons neantmoins déroger aux Cou-

tumes à ce contraires , ni à l'ufage de noftre
Chaftelet de Paris.

ARTICLE X.

Nos Juges Prevofts ne pourront connoiftre
des crimes commis pas des Gentilshommes , ou
par des Officiers de Judicature ; fans rien innover neantmoins en ce qui regarde la Jurifdiction
des Seigneurs.

ARTICLE XI.

Nos Baillifs , Senéchaux, & Juges Prefidiaux
connoiftront privativement à nos autres Juges,
& à ceux des Seigneurs , des cas Royaux qui font,
le crime de leze-Majefté en tous fes chefs, facri-
lege avec effraction , rebellion aux mandemens émancz de Nous ou de nos Officiers, la
police pour le port des armes , affemblées illicites , féditions , émotions populaires , force
publique, la fabrication, l'alteration, ou l'expofition de fauffe monnoye, correction de nos Officiers, malverfations par eux commifes en leurs
charges , crimes d'herefie , trouble public fait
au fervice divin , rapt, & enlevement de perfonnes par force , & violence, & autres cas ex-

pliquez par nos Ordonnances , & Reglemens.

ARTICLE XII.

Les Prevofts de nos coufins les Maréchaux de France , les Lieutenans Criminels de robe courte , les Vicebaillifs , & Vicefenéchaux connoiftront en dernier reflort de tous crimes commis par vagabons, gens fans aveu , & fans domicile, ou qui auront efté condamnez à peine corporelle, banniffement, ou amende honorable. Connoiftront aufli des oppreflions , excés , ou autres crimes commis par gens de guerre, tant dans leur marche, lieux d'étapes , que d'affemblée , & de fejour pendant leur marche ; des deferteurs d'armées , affemblées illicites avec port d'armes , levée de gens de guerre fans commiffion de Nous , & de vols faits fur les grands chemins. Connoiftront aufli des vols faits avec effraction , port d'armes, & violence publique, dans les villes qui ne feront point celles de leur refidence ; comme aufli des facrileges avec effraction , affaffinats prémeditez , feditions, émotions populaires , fabrication , alteration , ou expofition de monnoye, contre toutes perfonnes ; en cas toutefois que les crimes ayent efté commis hors des villes de leur refidence.

ARTICLE XIII.

N'ENTENDONS déroger par le precedent Article aux privileges dont les Ecclesiastiques ont accoustumé de jouir.

ARTICLE XIV.

LES Prevosts des Maréchaux, Vicebaillifs, & Vicesenéchaux ne pourront juger en aucun cas à la charge de l'appel.

ARTICLE XV.

NOS Juges Presidiaux connoistront aussi en dernier ressort des personnes, & crimes mentionnez és Articles précedens, & préferablement aux Prevosts des Maréchaux, Lieutenans Criminels de robe courte, Vicebaillifs, & Vicesenéchaux, s'ils ont decreté ou avant eux, ou le mesme jour.

ARTICLE XVI.

SI les coupables de l'un des cas Royaux, ou Prevostaux cy-dessus, sont pris en flagrant delit, le Juge des lieux pourra informer & decreter

contre

contre eux, & les interroger ; à la charge d'en aver-
tir inceſſamment nos Baillifs & Senéchaux , ou
leurs Lieutenans Criminels par acte ſignifié à leur
Greffe : aprés quoi ils feront tenus d'envoyer que-
rir le procés & les Accuſez, qui ne pourront leur
eſtre refuſez à peine d'interdiction, & de trois cens
livres contre les Juges , Greffiers & Geoliers, applicables moitié à Nous, & l'autre moitié aux pauvres & aux neceſſitez de l'Auditoire de nos Baillifs & Senéchaux, ainſi qu'il ſera par eux ordonné.

ARTICLE XVII.

LES Lieutenans Criminels des ſieges où il y a
Preſidial , feront tenus dans les cas énoncez en
l'Article XII. cy-deſſus, faire juger leur competence par Jugement en dernier reſſort ; & pour cét
effet porter à la Chambre du Conſeil du Preſidial,
les charges & informations, & y faire conduire
les Accuſez pour eſtre ouïs en preſence de tous
les Juges , dont ils feront tenus faire mention
dans leurs Jugemens ; enſemble des motifs ſur
leſquels ils feront fondez pour juger la Competence.

ARTICLE XVIII.

LES Jugemens feront prononcez auſſi-toſt aux
Criminel.   B

Accufez, & baillé copie, & procedé enfuite à leur Interrogatoire, au commencement duquel fera encore declaré, que le procés leur fera fait en dernier reſſort.

ARTICLE XIX.

N'ENTENDONS neantmoins rien innover à l'uſage de noſtre Chaſtelet de Paris, dont les Juges pourront declarer aux Accuſez dans leur dernier Interrogatoire ſur la ſellette, qu'ils feront jugez en dernier reſſort; ſi par la ſuite des preuves ſurvenuës au procés, ou par la confeſſion des Accuſez, il paroiſt qu'ils ayent eſté repris de Juſtice, ou ſoient vagabons & gens ſans aveu.

ARTICLE XX.

Tous Juges à la reſerve des Juge & Conſuls, & des bas & moyens Juſticiers, pourront connoître des inſcriptions de faux incidentes aux affaires pendantes pardevant eux, & des rebellions commiſes à l'execution de leurs Jugemens.

ARTICLE XXI.

LES Eccleſiaſtiques, les Gentilshommes, & nos

Secretaires, pourront demander en tout état de caufe, d'eftre jugez toute la Grand'Chambre du Parlement, où le procés fera pendant, affemblée; pourveu toutefois que les opinions ne foient pas commencées: Et s'ils ont requis d'eftre jugez à la Grand'Chambre, ils ne pourront demander d'être renvoyez à la Tournelle. Ce qui aura lieu à l'égard des Officiers de Juftice, dont les procés criminels ont accoûtumé d'eftre jugez és Grand' Chambres de nos Parlemens.

ARTICLE XXII.

NE pourront les Prefidens, Maiftres ordinaires, Correcteurs, Auditeurs, nos Avocats & Procureur Generaux de noftre Chambre des Comptes à Paris, eftre pourfuivis és caufes & matieres criminelles, ailleurs qu'en la Grand' Chambre de noftre Cour de Parlement à Paris. Pourront neantmoins pour crimes commis hors la Ville, Prevofté & Vicomté de Paris, nos Baillifs & Senéchaux informer; &, s'ils font capitaux, decreter alencontre d'eux, à la charge de renvoyer les procedures à la Grand'Chambre, pour eftre inftruites & jugées: Et au cas que les parties ayent volontairement procedé pardevant eux, elles ne pourront fe pourvoir à la Grand'Chambre, que par appel.   B ij

TITRE II.

Des Procedures particulieres aux Prevosts des Maréchaux de France , Vicebaillifs , Vicesenéchaux, & Lieutenans Criminels de robe courte.

ARTICLE I.

LEs Prevosts de nos Cousins les Maréchaux de France ne connoistront d'autres cas que de ceux énoncez dans l'Article XII. du Titre de la Competence des Juges , à peine d'interdiction, de dépens, dommages & interests , & de trois cens livres d'amende applicable moitié envers Nous, & l'autre moitié envers la partie.

ARTICLE II.

NE pourront aussi recevoir aucune plainte ,

ni informer hors leur reffort, fi ce n'eft pour rebellion à l'execution de leurs decrets.

ARTICLE III.

SERONT tenus de mettre à execution les decrets & mandemens de Juftice, lors qu'ils en feront requis par nos Juges, & fommez par nos
Procureurs ou par les parties, à peine d'interdiction & de trois cens livres d'amende, moitié
vers Nous, moitié vers la partie.

ARTICLE IV.

LEUR enjoignons d'arrefter les Criminels pris
en flagrant delit, ou à la clameur publique.

ARTICLE V.

DEFENDONS aux Prevofts de donner des
Commiffions pour informer à leurs Archers, à
des Notaires Tabellions, ou aucunes autres perfonnes, à peine de nullité de la procedure, & d'interdiction contre le Prevoft.

ARTICLE VI.

POURRONT leurs Archers écrouër les prisonniers arreftez en vertu de leurs decrets.

ARTICLE VII.

SERONT tenus laiffer aux prifonniers qu'ils auront arreftez, copie du procés verbal de capture & de l'écrouë, fous les peines portées par le premier Article.

ARTICLE VIII.

LES Accufez, contre lefquels le Prevoft des Maréchaux aura receu plainte, informé & decreté, pourront fe mettre dans les prifons du Prefidial du lieu du delit pour y faire juger la Competence, & à cet effet faire porter au Greffe les charges & informations en vertu du jugement du Prefidial: ce que le Prevoft fera tenu de faire inceffamment.

ARTICLE IX.

LES Prevofts des Maréchaux en arreftant un Accufé, feront tenus faire inventaire de l'argent,

hardes, chevaux & papiers dont il se trouvera saisi,
en presence de deux Habitans des plus proches
du lieu de la capture, qui signeront l'inventaire;
sinon declareront la cause de leur refus, dont sera
fait mention; pour estre le tout remis dans trois
jours au plus tard au Greffe du lieu de la capture; à peine d'interdiction contre le Prevost pour
deux ans, dépens, dommages & interests des
parties, & de cinq cens livres d'amende applicable comme dessus.

ARTICLE X.

A l'instant de la capture, l'Accusé sera conduit és prisons du lieu, s'il y en a; sinon aux plus
prochaines, dans vingt-quatre heures au plus
tard. Defendons aux Prevosts d'en faire chartre
privée dans leurs maisons ni ailleurs, à peine de
privation de leurs Charges.

ARTICLE XI.

DEFENDONS à tous Officiers de Maréchauffée de retenir aucuns meubles, armes, ou chevaux saisis ou appartenans aux Accusez, ni de
s'en rendre adjudicataires sous leur nom, ou celuy d'autres personnes; à peine de privation de

leurs Offices, cinq cens livres d'amende, & de reſtitution du quatruple.

ARTICLE XII.

Les Accuſez ſeront interrogez par le Pre-voſt en preſence de l'Aſſeſſeur, dans les vingt-quatre heures de la capture, à peine de deux cens livres d'amende envers Nous. Pourra neant-moins les interroger ſans Aſſeſſeur au moment de la capture.

ARTICLE XIII.

Enjoignons aux Prevoſts des Maréchaux de declarer à l'Accuſé au commencement du premier Interrogatoire, & d'en faire mention, qu'ils en-tendent le juger prevoſtalement ; à peine de nul-lité de la procedure, & de tous dépens, dommages & intereſts.

ARTICLE XIV.

Si le crime n'eſt pas de leur Competence, ils feront tenus d'en laiſſer la connoiſſance dans les vingt-quatre heures au Juge du lieu du delit; aprés quoi ne pourront le faire, que par l'avis des Preſidiaux.

ARTICLE

ARTICLE XV.

L a Competence fera jugée au Prefidial, dans le reffort duquel la capture aura efté faite, dans trois jours au plus tard ; encor que l'Accufé n'ait point propofé de declinatoire.

ARTICLE XVI.

L e s Recufations qui feront propofées contre les Prevofts des Maréchaux avant le jugement de la Competence, feront jugées au Prefidial au rapport de l'Affeffeur en la Maréchauffée, ou d'un Confeiller du Siege , au choix de la partie qui les prefentera ; & celles contre l'Affeffeur, aufli par l'un des Officiers dudit Siege : Et les Recufations qui feront propofées depuis le Jugement de la Competence, feront reglées au Siege , où le procés criminel devra eftre jugé.

ARTICLE XVII.

L'Ac c u s e' ne pourra eftre élargi pour quelque caufe que ce foit avant le Jugement de la Competence, & ne pourra l'eftre aprés, que par

Criminel.   C

Sentence du Prefidial ou Siege , qui devra juger diffinitivement le procés.

ARTICLE XVIII.

Les Jugemens de Competence ne pourront eftre rendus que par fept Juges au moins;
& ceux qui y affifteront , feront tenus d'en
figner la minute : à quoy nous enjoignons à
celuy qui préfidera , & au Prevoft de tenir la
main ; à peine contre chacun d'interdiction, de
cinq cens livres d'amende envers Nous , &
des dommages & interefts des parties.

ARTICLE XIX.

La Competence ne pourra eftre jugée, que
l'Accufé n'ait efté ouï en la Chambre en prefence de tous les Juges , dont fera fait mention dans le Jugement, enfemble du motif de
la Competence, fur les peines portées par l'Article précedent contre le Prefident, & de nullité de la procedure qui fera faite depuis le jugement de Competence.

ARTICLE XX.

L E Jugement de Competence fera prononcé , fignifié , & copie baillée fur le champ à l'Accufé ; à peine de nullité des procedures , & de tous dépens , dommages & interefts contre le Prevoft & le Greffier du Siege , où la Competence aura efté jugée.

ARTICLE XXI.

S I le Prevoft eft declaré incompetent , l'Accufé fera transferé és prifons du Juge du lieu où le delit aura efté commis , & les charges & informations , procés-verbal de capture , & interrogatoire de l'Accufé , & autres pieces & procedures remifes à fon Greffe : ce que nous voulons eftre executé dans les deux jours pour le plus tard , aprés le jugement d'incompetence ; à peine d'interdiction pour trois ans contre le Prevoft , de cinq cens livres d'amende envers Nous , & des dépens , dommages & interefts des parties.

ARTICLE XXII.

LE Prevoft qui aura efté declaré competent fera tenu proceder inceffamment à la
confection du procés avec fon Affeffeur, finon
avec un Confeiller du Siege, où il devra eftre
jugé, fuivant la diftribution qui en fera faite
par le Prefident.

ARTICLE XXIII.

SI aprés le procés commencé pour un crime prevoftal, il furvient de nouvelles accufations, dont il n'y ait point eu de plainte en Juftice, pour crimes non prevoftaux ; elles feront
inftruites conjointement, & jugées prevofta-
lement

ARTICLE XXIV.

AUCUNE Sentence prevoftale, prépara-
toire, interlocutoire ou diffinitive, ne pourra
eftre renduë qu'au nombre de fept, au moins,
Officiers ou Graduez, en cas qu'il ne fe trouve
au Siege nombre fuffifant de Juges ; & feront tenus ceux qui y auront affifté, de figner la minute

à peine de nullité, & le Greffier de les en interpeller, à peine de cinq cens livres d'amende
contre luy & contre chacun des refusans.

ARTICLE XXV.

SERA dressé deux minutes des Jugemens
Prevostaux, qui seront signez par les Juges, dont
l'une demeurera au Greffe du Siege où le procés aura esté jugé, & l'autre au Greffe de la
Maréchaussée, à peine d'interdiction pour trois
ans contre le Prevost ; & de cinq cens livres
d'amende. Défendons sous pareilles peines aux
deux Greffiers de prendre aucuns droits pour
l'enregistrement & reception des deux minutes.

ARTICLE XXVI.

SI l'Accusé est appliqué à la question, le
procés-verbal de torture se fera par le Rapporteur en presence d'un Conseiller du Siege &
du Prevost.

ARTICLE XXVII.

LES dépens adjugez par le Jugement prevoſtal feront taxez par le Prevoſt en preſence du Rapporteur, qui n'en pourra pretendre aucuns droits ; & s'il en eſt interjetté appel , le Siege qui aura rendu le Jugement, en connoîtra en dernier reſſort.

ARTICLE XXVIII.

ENJOIGNONS aux Vicebaillifs , Viceſenéchaux , & Lieutenans Criminels de robe courte , d'obſerver ce qui eſt preſcrit pour les Prevoſts ; & au ſurplus des procedures , feront par eux nos autres Ordonnances obſervées. N'entendons neantmoins rien innover aux fonctions & droits du Lieutenant Criminel de robe-courte de noſtre Chaſtelet de Paris.

TITRE III.

Des Plaintes, Dénonciations, &
Accusations.

ARTICLE I.

LE s plaintes pourront se faire par requeste, & auront datte du jour seulement que le Juge, ou en son absence le plus ancien Praticien du lieu les aura répondu.

ARTICLE II.

POURRONT aussi les plaintes estre écrites par le Greffier en presence du Juge. Defendons aux Huissiers, Sergens, Archers & Notaires de les recevoir, à peine de nullité, & aux Juges de les leur adresser, à peine d'interdiction.

ARTICLE III.

N'ENTENDONS neantmoins rien innover dans la fonction des Commiſſaires de noſtre Chaſtelet de Paris, pour la reception des plaintes qu'ils feront tenus de remettre au Greffe, enſemble toutes les informations & procedures par eux faites dans les vingt-quatre heures, dont ils feront faire mention par le Greffier au bas de leur expedition; & ſi c'eſt avant ou aprés midy; à peine de cent livres d'amende, moitié vers Nous, & moitié vers la partie qui s'en plaindra.

ARTICLE IV.

Tous les feüillets des plaintes feront ſignez par le Juge & par le Complaignant, s'il ſçait ou peut ſigner, ou par ſon Procureur fondé de procuration ſpeciale; & ſera fait mention expreſſe ſur la minute & ſur la groſſe de ſa ſignature ou de ſon refus: Ce que nous voulons eſtre obſervé par les Commiſſaires du Chaſtelet de Paris. *a peine de nullité.*

ARTICLE V.

ARTICLE V.

LES plaignans ne feront reputez parties civiles, s'ils ne le declarent formellement ou par la plainte, ou par acte fubfequent, qui fe pourra faire en tout état de caufe, dont ils pourront fe départir dans les vingt-quatre heures, & non aprés. Et en cas de défiftement ne feront tenus des frais faits depuis qu'il aura efté fignifié ; fans préjudice neantmoins des dommages & interefts des parties.

ARTICLE VI.

Nos Procureurs & ceux des Seigneurs auront un regiftre pour recevoir & faire écrire les Denonciations, qui feront circonftanciées & fignées par les Denonciateurs, s'ils fçavent figner ; finon elles feront écrites en leur prefence par le Greffier du Siege, qui en fera mention.

ARTICLE VII.

LES Accufateurs & Denonciateurs qui fe trouveront mal fondez, feront condamnez aux dépens, dommages & interefts des Accufez,

Criminel. D

& à plus grande peine, s'il y écheoit : Ce qui aura auſſi lieu à l'égard de ceux qui ne ſe feront rendus parties, ou qui s'eſtant rendus parties, ſe feront déſiſtez; ſi leurs plaintes ſont jugées calomnieuſes.

ARTICLE VIII.

S'IL n'y a point de partie civile, les procés feront pourſuivis à la diligence, & ſous le nom de nos Procureurs, ou des Procureurs des Juſtices ſeigneuriales.

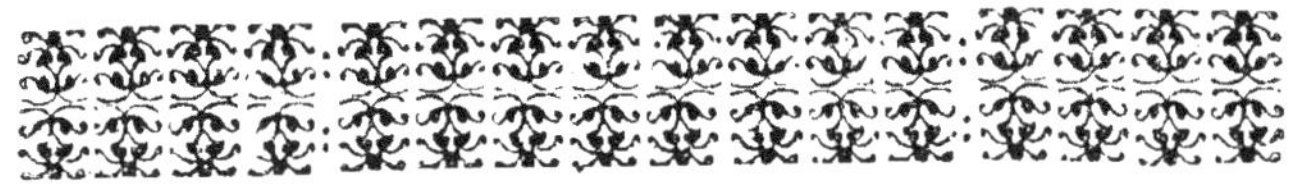

TITRE IV.

Des Procés verbaux des Iuges.

ARTICLE I.

LEs Juges dresseront sur le champ & sans deplacer procés verbal de l'état auquel seront trouvées les personnes blessées, ou le corps mort ; ensemble du lieu où le delit aura esté commis, & de tout ce qui peut servir pour la décharge ou conviction.

ARTICLE II.

LES procés verbaux seront remis au Greffe dans les vingt-quatre heures ; ensemble les armes, meubles & hardes, qui pourront servir à la preuve, & feront en suite partie des pieces du procés.

TITRE V.

Des Rapports des Medecins & Chirurgiens.

ARTICLE I.

LEs personnes blessées pourront se faire visiter par Medecins & Chirurgiens, qui affirmeront leur rapport veritable: ce qui aura lieu à l'égard des personnes qui agiront pour ceux qui seront decedez; & sera le rapport joint au procés.

ARTICLE II.

POURRONT neantmoins les Juges ordonner vne seconde visite par Medecins ou Chirurgiens nommez d'office, lesquels presteront le serment, dont sera expedié acte, & aprés leur visite, en dresseront & signeront sur le champ leur rapport pour estre remis au Greffe, & joint au procés , sans qu'il puisse estre dressé aucun procés verbal ; à peine de cent livres d'amende contre le Juge, moitié vers Nous, & moitié vers la partie.

ARTICLE III.

VOULONS qu'à tous les rapports , qui seront ordonnez en Justice, assiste au moins un des Chirurgiens commis de noftre premier Medecin és lieux où il y en a, à peine de nullité des rapports.

TITRE VI.

Des Informations.

ARTICLE I.

LEs témoins seront adminiftrez par nos Procureurs, ou ceux des Seigneurs, comme auffi par les parties civiles.

ARTICLE II.

LEs enfans de l'un & de l'autre fexe, quoy qu'au deffous de l'âge de puberté, pourront eftre receus à dépofer, fauf en jugeant d'avoir par les Juges tel égard que de raifon à la neceffité & folidité de leur temoignage.

ARTICLE III.

TOUTES perfonnes affignées pour eftre ouïes en témoignage, recolées ou confrontées, feront tenuës de comparoir pour fatisfaire aux affignations ; & pourront y eftre les laïcs contraints par amende fur le premier defaut, & par emprifonnement de leurs perfonnes en cas de coutumace : mefme les Ecclefiaftiques par amende, au payement de laquelle ils feront contraints par faifie de leur temporel. Enjoignons aux Superieurs reguliers d'y faire comparoir leurs Religieux, à peine de faifie de leur temporel & de fufpenfion des privileges à eux par Nous accordez.

ARTICLE IV.

Les témoins avant qu'eftre ouïs, feront apparoir de l'exploit qui leur aura efté donné pour dépofer, dont fera fait mention dans leurs pofitions. Pourront neantmoins les Juges entendre les témoins d'office, & fans affignation en cas de flagrant delit.

ARTICLE V.

Les témoins prefteront ferment & feront enquis de leur nom, furnom, âge, qualité, demeure, & s'ils font ferviteurs ou domeftiques, parens ou alliez des parties, & en quel degré ;

& du tout fera fait mention, à peine de nullité
de la dépofition , & des dépens, dommages &
interefts des parties contre le Juge.

ARTICLE VI.

LES Juges, mefme ceux de nos Cours, ne
pourront commettre leurs Clercs ou autres perfonnes pour écrire les informations qu'ils feront dedans ou dehors leur fiege, s'il y a un Greffier ou un Commis à l'exercice du Greffe ; fi ce
n'eft qu'ils fuffent abfens , malades, ou qu'ils
euffent quelque autre legitime empefchement.

ARTICLE VII.

POURRONT neantmoins ceux qui execute-
ront des commiffions émanées de Nous, commettre telles perfonnes qu'ils aviferont, aufquelles ils feront prefter le ferment.

ARTICLE VIII.

DEFENDONS l'ufage des Adjoints dans
les informations, finon és cas portez par l'Edit
de Nantes.

ARTICLE IX.

ARTICLE IX.

LA dépofition fera écrite par le Greffier en préfence du Juge, & fignée par luy, par le Greffier & le Témoin, s'il fçait ou peut figner ; finon en fera fait mention, & chaque page fera cottée & fignée par le Juge, à peine de tous dépens, dommages & interefts.

ARTICLE X.

LA dépofition de chacun Témoin fera redigée à charge ou à décharge.

ARTICLE XI.

LES Témoins feront ouïs fecretement & feparément, & figneront leur dépofition, aprés que lecture leur en aura efté faite & qu'ils auront declaré qu'ils y perfiftent ; dont mention fera faite par le Greffier fous les peines portées par l'Article v. cy-deffus.

ARTICLE XII.

AUCUNE interligne ne pourra eftre faite, &

Criminel.   E

fera tenu le Greffier faire approuver les ratures, & figner les renvois par le Témoin & par le Juge, fous les mefmes peines.

ARTICLE XIII.

LA taxe pour les frais & falaires du Témoin fera faite par le Juge. Defendons à nos Procureurs & à ceux des Seigneurs, & aux parties, de donner aucune chofe au Témoin, s'il n'eft ainfi ordonné.

ARTICLE XIV.

LEs dépofitions qui auront efté declarées nulles par defaut de formalité, pourront eftre reïterées, s'il eft ainfi ordonné par le Juge.

ARTICLE XV.

DEFENDONS aux Greffiers de communiquer les Informations & autres pieces fecretes du procés, ni de fe défaifir des minutes, finon és mains de nos Procureurs, ou de ceux des Seigneurs, qui s'en chargeront fur le regiftre, & marqueront le jour & l'heure, pour les remettre inceffamment & au plus tard dans trois jours, à peine d'interdiction contre le Greffier , & de cent livres d'amende, moitié vers Nous, & moitié vers la partie.

ARTICLE XVI.

POURRONT aussi les Rapporteurs retirer les minutes , pour s'en servir dans la visite du procés , & seront tenus les remettre vingt-quatre heures aprés le Jugement, sous les mêmes peines.

ARTICLE XVII.

LES Greffiers commis par les Officiers de nos Cours, seront tenus remettre leurs minutes és Cours qui les auront commis , dans trois jours aprés la procedure achevée , si elle s'est faite au lieu de la Jurisdiction, ou dans les dix lieuës ; & sera le delay augmenté d'un jour pour la distance de chaque dix lieuës : à peine de quatre cens livres d'amende , moitié vers Nous, & moitié vers la partie , & de tous dépens, dommages & interests. Ce qui sera executé par le Greffier commis, quoy qu'il n'eust encore receu les salaires , dont en ce cas luy sera délivré executoire par le Greffier ordinaire, fuivant la taxe du Commiffaire, qui n'en pourra pretendre aucuns frais.

ARTICLE XVIII.

ENJOIGNONS aux Greffiers, Gardefacs de nos Cours, Grand Confeil, & Cour des Aides, de tenir un regiftre particulier, relié & chifré, contenant au premier feuïllet le nombre de ceux, dont il fera compofé. Ce qui aura lieu aux Sieges Prefidiaux, Bailliages, Senéchauffées, Maréchauffées, Prevoftez, & de toutes les autres Juftices royales & feigneuriales, dont le regiftre fera paraphé en tous fes feuïllets par le Juge Criminel, pour y eftre par les Greffiers, tant de nos Cours, que les autres, enregiftrées toutes les procedures qui feront faites ou apportées, & leur date ; enfemble le nom & la qualité du Juge & de la partie, de fuite & fans aucun blanc : pour raifon de quoy le Greffier ne pourra prendre aucuns droits ni frais ; & feront tenus fe charger & décharger fur le regiftre, les Officiers qui doivent prendre communication des pieces.

ARTICLE XIX.

LES Greffiers des Prevoſtez & Chaſtelle-
nies royales, & ceux des Seigneurs, feront tenus d'envoyer par chacun an, au mois de Juin
& de Decembre, au Greffe du Bailliage &
Senéchauffée, où reffortiffent leurs appellations
mediatement ou immediatement, un extrait
de leur regiſtre criminel, dont leur fera baillé
décharge fans frais. Et ceux des Bailliages,
Senéchauffées, & Maréchauffées, feront tenus
au commencement de chacune année, d'envoyer à noſtre Procureur General, chacun dans
fon reffort, un extrait de leur dépoſt : mefme
l'eſtat des Lettres de grace ou abolition enterinées en leurs Sieges, avec les procedures
& Sentences d'enterinement, & la copie des
extraits, qui leur auront eſté remis par les
Greffiers des Juſtices inferieures l'année pré-
cedente.

TITRE. VII.

Des Monitoires.

ARTICLE I.

TOus Juges, mesme Ecclesiastiques, & ceux des Seigneurs pourront permettre d'obtenir Monitoires, encor qu'il n'y ait aucun commencement de preuves, ni refus de déposer par les Témoins.

ARTICLE II.

ENJOIGNONS aux Officiaux à peine de saisie de leur temporel, d'accorder les Monitoires que le Juge aura permis d'obtenir.

ARTICLE III.

LES Monitoires ne contiendront autres faits que ceux compris au Jugement qui aura permis

de les obtenir, à peine de nullité tant des Monitoires, que de ce qui aura esté fait en conse-
quence.

ARTICLE IV.

LES personnes ne pourront estre nommées
ni designées par les Monitoires, à peine de cent
livres d'amende contre la partie, & de plus grande s'il y échet.

ARTICLE V.

LES Curez & leurs Vicaires seront tenus
à peine de saisie de leur temporel, à la premiere requisition, faire la publication du Monitoire; qui pourra neantmoins, en cas de refus, estre faite par un autre Prestre nommé
d'office par le Juge.

ARTICLE VI.

SI aprés la saisie du temporel des Officiaux,
Curez ou Vicaires à eux signifiée, ils refusent
d'accorder & de publier le Monitoire, nos
Juges pourront ordonner la distribution de
leurs revenus aux Hospitaux, ou pauvres des
lieux.

ARTICLE VII.

LES Officiaux ne pourront prendre ni recevoir pour chacun Monitoire plus de trente fols, leur Greffier dix, y compris les droits du Sceau; & les Curez ou Vicaires dix fols à peine de reftitution du quatruple; fans neantmoins qu'és lieux où l'ufage eft de donner moins, les droits puiffent eftre augmentez.

ARTICLE VIII.

LES oppofans à la publication du Monitoire, feront tenus élire domicile dans le lieu de la Jurifdiction du Juge qui en aura permis l'obtention, à peine de nullité de leur oppofition : Et pourront fans commiffion ni mandement, y eftre affignez, pour comparoir à certain jour & heure dans les trois jours pour le plus tard, fi ce n'eft qu'il y euft appel comme d'abus.

ARTICLE IX.

L'OPPOSITION fera plaidée au jour de l'affignation, & le Jugement, qui interviendra, executé nonobftant oppofition ou appellation, mefme

Si celuy qui s'oppose au monitoire en a interjetté appel comme d'abus cela suspend la publication si l'appel est porté au parlement. mais si l'opposant ne forme qu'une simple opposition dont il en debouté pour le Juge ordinaire d'appel comme d'abus qu'il interjette

mefme comme d'abus. Défendons à nos Cours
& à tous autres Juges, de donner des défenfes,
ou furféances de les executer ; fi ce n'eft aprés
avoir veu les informations, & le monitoire, &
fur les conclufions de nos Procureurs. Declarons nulles toutes celles qui pourroient eftre obtenuës. Voulons, fans qu'il foit befoin d'en demander mainlevée, que les Arrefts, Jugemens,
& Sentences foient executez , & les parties qui
auront prefenté requefte à fin de défenfes ou
furféances, & les Procureurs qui y auront occu-
pé, condamnez chacun en cent livres d'amende ,
qui ne pourra eftre remife ni moderée, applicable moitié à Nous, moitié à la partie.

ARTICLE X.

Les révélations qui auront efté receuës par les
Curez ou Vicaires, feront envoyées par eux cachetées au Greffe de la Jurifdiction, où le procés fera
pendant ; & pourveu par le Juge aux frais du
voiage, s'il y écheoit.

ARTICLE XI.

En matiere criminelle nos Procureurs & ceux
des Seigneurs , & les Promoteurs aux Officialitez,
auront communication des révélations des témoins ; & les parties civiles, de leur nom & domicile feulement.

Criminel. F

TITRE VIII.

De la reconnoiſſance des écritures & ſignatures en matiere criminelle.

ARTICLE I.

LES écritures & ſignatures privées qui pourront ſervir à la preuve, ſeront repreſentées aux Accuſez aprés ſerment par eux preſté, & ils ſeront interpellez de reconnoiſtre s'ils les ont écrites ou ſignées. Aprés quoi elles ſeront paraphées par le Juge & par l'Accuſé, s'il veut & peut les parapher; ſinon en ſera fait mention, & les pieces demeureront jointes aux informations.

ARTICLE II.

SI l'Accuſé a reconnu avoir écrit ou ſigné les pieces, elles feront foy contre luy, & n'en ſera faite aucune vérification.

ARTICLE III.

FERONT pareillement foy les écritures & ſignatures de main étrangere , qui ſeront reconnuës par l'Accuſé.

ARTICLE IV.

SI l'Accuſé refuſe de reconnoiſtre les pieces, ou declare ne les avoir écrites ou ſignées, les Juges ordonneront qu'elles ſeront vérifiées ſur pieces de comparaiſon.

ARTICLE V.

LES pieces de comparaiſon ſeront authentiques, ou reconnuës par l'Accuſé.

ARTICLE VI.

NOS Procureurs ou ceux des Seigneurs, & les parties civiles pourront fournir de pieces de comparaiſon.

ARTICLE VII.

LES pieces de comparaiſon ſeront repreſentées par le Juge à l'Accuſé, pour en convenir ou les conteſter, ſans qu'il luy ſoit donné pour raiſon de ce, delay ni conſeil ; & s'il en convient, elles ſeront paraphées par luy & par le Juge, qui en ordonnera la reception.

ARTICLE VIII.

S I les pieces ſont conteſtées par l'Accuſé, ou s'il refuſe d'en convenir, le Juge en dreſſera ſon procés verbal, pour y pourvoir aprés qu'il aura eſté communiqué à noſtre Procureur ou celuy des Seigneurs, & à la partie civile.

ARTICLE IX.

L A vérification ſera faite ſur les pieces de comparaiſon par Experts & Maiſtres Écrivains nommez d'office par le Juge.

ARTICLE X.

S I le Juge ordonne le rejet des pieces de comparaiſon, nos Procureurs ou ceux des Seigneurs, & les parties civiles ſeront tenus d'en rapporter d'autres dans le delay qui ſera preſcrit ; autrement les pieces, dont la vérification aura eſté ordonnée, ſeront rejettées du procés.

ARTCIC XI.

LES pieces de comparaison, & celles qui devront estre vérifiées, seront données séparément
à chacun Expert pour les voir & examiner à loisir.

ARTICLE XII.

LES Experts seront ouïs, recolez, & confrontez séparément, ainsi que les autres témoins.

ARTICLE XIII.

EN procedant au recolement des Experts, les
pieces de comparaison, & celles qui devront
estre vérifiées, leur seront representées ; & à la
confrontation, elles le seront aux Experts & aux
Accusez.

ARTICLE XIV.

POURRONT estre ouïs comme témoins ceux
qui auront veu écrire ou signer les pieces, qui
pourront servir à la conviction des Accusez, ou
qui en auront connoissance en quelque autre
maniere.

F iij

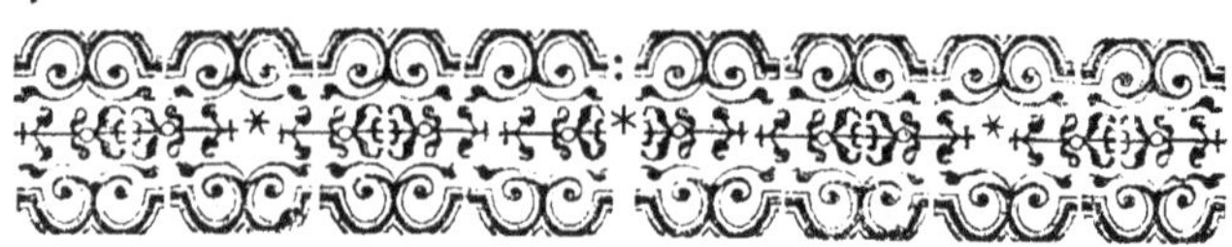

TITRE IX.

Du crime de faux tant principal qu'incident.

ARTICLE I.

LEs plaintes, denonciations & accusations du crime de faux , & les autres procedures se feront en la mesme forme & maniere que celles de tous les autres crimes ; & les informations seront faites tant par témoins, que par Experts, qui seront nommez d'office par le Juge.

ARTICLE II.

LEs pieces prétenduës avoir esté falsifiées , seront remises au Juge pour dresser procés verbal de leur état, les representer à la partie civile pour les parapher en sa presence , si la partie veut ou peut les parapher ; sinon en sera fait mention : & aprés avoir esté paraphées par le Juge, elles feront remifes au Greffe.

ARTICLE III.

ELLES feront auffi prefentées aux témoins qui auront eu connoiffance de la falfification.

ARTICLE IV.

LA forme prefcrite pour la reconnoiffance des écritures & fignatures en matiere criminelle, fera obfervée dans l'inftruction qui fe fera par la dépofition des Experts, pour la preuve du faux principal ou incident.

ARTICLE V.

LE demandeur en infcription de faux fera tenu de configner, & d'en attacher l'acte à fa requefte ; fçavoir en nos Cours la fomme de cent livres ; aux fieges qui y reffortiffent immediatement foixante livres, & aux autres vingt livres. Lefquelles fommes feront receuës & délivrées à qui le Juge ordonnera, par le Receveur des amendes, s'il y en a ; finon par les Greffiers des Jurifdictions, qui s'en chargeront comme dépo-

pofitaires fans droits ni frais, & fans qu'ils puiſ-
ſent les employer en recepte , ni s'en défaiſir ,
qu'elles n'ayent eſté diffinitivement adjugées;
pour eſtre aprés le jugement de l'inſcription de
faux , renduës ou délivrées auſſi fans frais à qui
il appartiendra.

ARTICLE VI.

DANS le faux incident , la requeſte du demandeur ſera ſignée de luy ou de ſon Procureur fondé de pouvoir ſpécial attaché à la requeſte , aux fins de faire declarer par le defendeur , s'il veut ſe ſervir de la piece maintenuë
fauſſe.

ARTICLE VII.

LE Juge ordonnera au pied de la requeſte,
que l'inſcription ſera faite au Greffe ; & le defendeur tenu de declarer dans vn delay competant
ſuivant la diſtance de ſon domicile , s'il veut ſe
ſervir de la piece inſcrite de faux.

ARTICLE VIII.

SI le defendeur declare qu'il ne veut point
ſe

se servir de la piece, elle sera rejettée du procés,
sauf à pourvoir aux dommages & interests de la
partie, & à poursuivre le faux extraordinairement par nos Procureurs ou ceux des Seigneurs.
Et en matiere beneficiale de priver le defendeur du benefice contesté , s'il a fait , ou fait
faire la piece fausse, ou connu sa fausseté.

ARTICLE IX.

S i le defendeur declare se vouloir servir de la
piece, elle sera mise au Greffe , & l'acte du mis
signifié au demandeur pour former l'inscription
dans les vingt-quatre heures. Et le Juge ordonnera que la minute sera apportée au Greffe dans
le delay, qui sera reglé suivant la distance des
lieux, sinon la piece rejettée du procés.

ARTICLE X.

L e demandeur ou son conseil prendra communication de la piece par les mains du Greffier
sans déplacer.

ARTICLE XI.

L es moyens de faux seront mis au Greffe
Criminel.   G

dans trois jours au plus tard , & n'en sera donné
copie ni communication au defendeur.

ARTICLE XII.

L e s Juges pourront les joindre selon leur
qualité , & l'état du procés.

ARTICLE XIII.

S i les moyens sont pertinens ou admissibles, la
preuve en sera ordonnée par titre , par témoins,
& par comparaison d'écritures & signatures par
Experts, qui seront nommez d'office par le même Jugement , sauf à les recuser.

ARTICLE XIV.

L e jugement contiendra aussi les moyens
& faits qui auront esté declarez admissibles, &
n'en sera fait preuve d'aucun autre.

ARTICLE XV.

L e s pieces inscrites de faux, & celles de comparaison seront mises entre les mains des Experts,
aprés avoir presté serment ; & leur rapport déli-

vré au Juge, suivant qu'il est prescrit par l'Article XIII. du Titre de la descente sur les lieux, dans nostre Ordonnance du mois d'Avril 1667.

ARTICLE XVI.

S'il y a charge, les Juges pourront decreter, & ordonner que les Experts seront repetez séparément en leur rapport , recolez & confrontez ainsi que les autres témoins.

ARTICLE XVII.

Le demandeur en faux qui succombera, sera condamné en trois cens livres d'amende en nos Cours, cent vingt livres aux Sieges qui y ressortissent immediatement, & aux autres soixante livres, applicables les deux tiers à Nous, ou aux Seigneurs à qui il appartiendra , & l'autre à la partie : sur lesquelles seront déduites les sommes consignées. Et pourront les Juges condamner en plus grande amende, s'il y échet.

TITRE X.

Des Decrets, de leur execution, & des élargissemens.

ARTICLE I.

TOus Decrets feront rendus fur les conclufions de nos Procureurs, ou de ceux des Seigneurs.

ARTICLE II.

SELON la qualité des crimes, des preuves & des perfonnes fera ordonné, que la partie fera affignée pour eftre ouïe, ajournée à comparoir en perfonne, ou prife au corps.

ARTICLE III.

L'ASSIGNATION pour eftre ouï, fera convertie en decret d'ajournement perfonnel, fi la partie ne compare.

ARTICLE IV.

L'AJOVRNEMENT perfonnel fera converti en decret de prife de corps, fi l'Accufé ne compare dans le delay, qui fera reglé par le decret d'ajournement perfonnel felon la diftance des lieux, ainfi qu'aux ajournemens en matiere civile.

ARTICLE V.

LES procés verbaux des Prefidens & Confeillers de nos Cours pourront eftre decretez de prife de corps; & ceux de nos autres Juges d'ajournement perfonnel feulement, finon aprés que leurs Affiftans auront efté repetez.

ARTICLE VI.

LES procés verbaux des Sergens ou Huiffiers, mefme de nos Cours, ne pourront eftre decretez, finon en cas de rebellion à Juftice, d'ajournement perfonnel feulement; mais aprés qu'ils auront efté repetez & leurs records, les Juges pourront decerner prife de corps, fi le cas y écheoit. N'entendons neantmoins rien innover à l'ufage des Maiftrifes de nos Eaux & Forefts, dans lef-

quelles les procés verbaux des Verdiers, Gardes
& Sergens font decretez mefme de prife de corps.

ARTICLE VII.

CELVY contre lequel il y aura ordonnance
d'affigné pour eftre ouï, ou decret d'ajournement perfonnel, ne pourra eftre arrefté prifonnier, s'il ne furvient de nouvelles charges, ou
que par deliberation fecrete de nos Cours, il ait
efté refolu, qu'en comparoiffant il fera arrefté;
ce qui ne pourra eftre ordonné par aucun autre
de nos Juges.

ARTICLE VIII.

POURRA eftre decerné prife de corps fur la
feule notorieté pour crime de duel, fur la plainte
de nos Procureurs contre les vagabons, & fur
celles des Maiftres pour crimes & delits domeftiques.

ARTICLE IX.

APRE's qu'un Accufé pris en flagrant delit, ou à
la clameur publique aura efté conduit prifonnier,
le Juge ordonnera qu'il fera arrefté & écroüé, &
l'écroüe luy fera fignifié parlant à fa perfonne.

ARTICLE X.

L'ORDONNANCE d'affigné pour eftre ouï, contre un Juge ou Officier de Juftice, n'emportera
point d'interdiction.

ARTICLE XI.

L E decret d'ajournement perfonnel , ou de
prife de corps emportera de droit interdiction.

ARTICLE XII.

S E R A procedé à l'execution de tous decrets,
mefme de prife de corps, nonobftant toutes appellations , mefme comme de Juge incompetent
ou recufé, & toutes autres, fans demander permiffion, ni *Pareatis.*

ARTICLE XIII.

S E R O N T neantmoins tenus ceux à la requefte
defquels les decrets feront executez , élire domicile dans le lieu où fe fera l'execution ; fans attri-
buer toutefois aucune Jurifdiction au Juge du
domicile éleu.

ARTICLE XIV.

LES Huissiers, Sergens, Archers, & autres Officiers chargez de l'execution de quelques decrets ou mandemens de Justice, ausquels on aura fait rebellion, excés ou violence, en dresseront procés verbal, qu'ils remettront incontinent entre les mains du Juge pour y estre pourvû, & en estre envoyé une expedition à nostre Procureur General : sans neantmoins que l'instruction & le jugement puissent estre retardez.

ARTICLE XV.

ENJOIGNONS à tous Gouverneurs, nos Lieutenans Generaux des Provinces & Villes, Baillifs, Senéchaux, Maires & Eschevins, de prester main forte à l'execution des decrets, & de toutes les ordonnances de Justice ; mesme aux Prevosts des Maréchaux, Vicebaillifs, Vicesenéchaux, leurs Lieutenans & Archers, à peine de radiation de leurs gages en cas de refus, dont il sera dressé procés verbal par les Juges, Huissiers ou Sergens, pour estre envoyé à nos Procureurs Generaux, chacun dans leur ressort, & y estre par Nous pourvû.

ARTICLE

ARTICLE XVI.

Les Accusez qui auront esté arrestez , seront incessamment conduits dans les prisons , sans pouvoir estre detenus en maison particuliere; si ce n'est pendant leur conduite , & en cas de peril d'enlevement, dont sera fait mention dans le procés verbal de capture & de conduite; à peine d'interdiction contre les Prevosts, Huissiers ou Sergens , de mille livres d'amende envers Nous , & des dommages & interests des parties.

ARTICLE XVII.

Defendons à tous Juges, mesme des Officialitez, d'ordonner qu'aucune partie soit amenée sans scandale.

ARTICLE XVIII.

Pourra, si le cas le requiert , estre rendu decret de prise de corps contre des personnes non connuës , & sous les designations de l'habit de la personne, & autres suffisantes , comme aussi à l'indication qui en sera faite.

Criminel. H

ARTICLE XIX.

N E sera decernée prise de corps contre les domiciliez, si ce n'est pour crime qui doive estre puni de peine afflictive ou infamante.

ARTICLE XX.

N o s Procureurs és Justices ordinaires seront tenus d'envoyer à nos Procureurs Generaux, chacun dans leur ressort, au mois de Janvier & de Juillet de chacune année, un état signé par les Lieutenans Criminels & par eux, des écrouës & recommandations faites pendant les six mois precedens és prisons de leurs Sieges, & qui n'auront point esté suivies de jugement diffinitif; contenant la datte des decrets, écrouës & recommandations ; le nom, surnom, qualité & demeure des Accusez ; & sommairement le titre de l'accusation, & l'état de la procedure. A l'effet dequoi tous actes & écrouës seront par les Greffiers & Geoliers délivrez gratuitement, & l'état porté par les Messagers sans frais ; à peine d'interdiction contre les Greffiers & Geoliers, & de cent livres d'amende envers Nous ; & de pareille

amende contre les Meſſagers. Ce qui aura lieu,
& ſous pareille peine , pour les Procureurs des
Juſtices Seigneuriales , à l'égard de nos Procureurs des Sieges où elles reſſortiſſent.

ARTICLE XXI.

L E S Accuſez contre leſquels il n'y aura eu
originairement decret de priſe de corps , ſeront élargis aprés l'interrogatoire, s'il ne ſur-
vient de nouvelles charges , ou par leur re-
connoiſſance , ou par la dépoſition de nou-
veaux témoins.

ARTICLE XXII.

A u c u n priſonnier pour crime ne pourra
eſtre élargi par nos Cours & autres Juges, encore qu'il ſe fuſt rendu volontairement priſonnier , ſans avoir veu les informations , l'interrogatoire , les concluſions de nos Procureurs,
ou de ceux des Seigneurs , & les réponſes de
la partie civile , s'il y en a , ou ſommations de
répondre.

ARTICLE XXIII.

LES prifonniers pour crime ne pourront
eftre élargis, s'il n'eft ordonné par le Juge ,
encore que nos Procureurs ou ceux des Seigneurs, & les parties civiles y confentent.

ARTICLE XXIV.

NE pourront auffi les Accufez eftre élargis
aprés le jugement , s'il porte condamnation de
peine afflictive, ou que nos Procureurs ou ceux
des Seigneurs en appellent ; encore que les parties civiles y confentent , & que les amendes,
aumofnes, & reparations ayent efté confignées.

TITRE XI.

Des Excuses ou Exoines des Accusez.

ARTICLE I.

L'Accusé qui ne pourra comparoir en Justice pour cause de maladie ou blessure, fera presenter ses excuses par procuration speciale passée pardevant Notaire, qui contiendra le nom de la ville, bourg ou village, paroisse, ruë & maison, où il sera detenu.

ARTICLE II.

La procuration ne sera point receuë sans rapport d'un Medecin de Faculté approuvée, qui declarera la qualité & les accidens de la maladie ou blessure, & que l'Accusé ne peut se mettre en chemin sans peril de la vie ; dont la verité sera attestée par serment du Medecin pardevant le Juge du lieu, dont sera dressé procés verbal, qui sera aussi joint à la procuration.

H iij

ARTICLE III.

L'EXOINE sera montrée à nostre Procureur ou à celuy des Seigneurs, & communiquée à la partie civile, s'il y en a, qui sera tenuë sur un simple acte de se trouver à l'Audience, où l'exoine sera presentée & receuë; sans que le porteur des pieces soit tenu de declarer qu'il est envoyé exprés pour les presenter, & qu'il a veu l'Accusé.

ARTICLE IV.

SI les causes de l'exoine paroissent legitimes, il sera ordonné que nos Procureurs ou ceux des Seigneurs, & les parties informeront respectivement dans un bref delay, de la verité de l'exoine & du contraire.

ARTICLE V.

LE delay pour informer estant expiré, sera fait droit sur l'incident de l'exoine sur ce qui se trouvera produit.

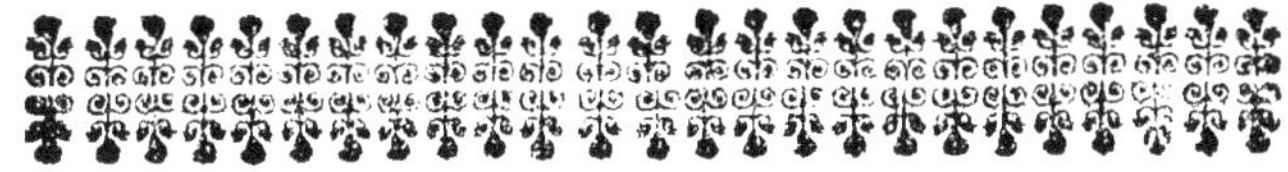

TITRE XII.

Des Sentences de Provision.

ARTICLE I.

LEs Juges pourront, s'il y écheoit, adjuger à une partie quelques sommes de deniers pour pourvoir aux alimens & medicamens ; ce qui sera fait sans conclusions de nos Procureurs ou ceux des Seigneurs.

ARTICLE II.

NE pourront les mesmes Juges accorder des provisions à l'une & l'autre des parties, à peine de suspension de leurs charges, & de tous dépens, dommages & interests.

ARTICLE III.

NE pourront aussi donner qu'une seconde provision, si elle est jugée necessaire, pourveu qu'il y ait quinzaine au moins entre la

premiere & la feconde ; fans qu'ils puiffent
recevoir aucuns emolumens de l'une ni de
l'autre, ni de tous les incidens qui naiftront en
confequence.

ARTICLE IV.

Les Sentences de provifion ne pourront
eftre furfifes , ni jointes au procés par les
Juges , qui les auront données; fous pareille
peine.

ARTICLE V.

LES deniers adjugez par provifion ne pourront eftre faifis pour frais de Juftice , ou quelque autre caufe ou pretexte que ce foit , ni
confignez au Greffe ou ailleurs ; à peine de
nullité des confignations , d'interdiction contre les Greffiers & leurs Commis qui les
auront receus : Et pourront nonobftant les
faifies & pretenduës confignations , les parties condamnées eftre contraintes au payement.

ARTICLE

ARTICLE VI.

LES Sentences de provision seront executées par saisies des biens, & emprisonnement
de la personne du Condamné sans donner
caution.

ARTICLE VII.

LES Sentences de provision renduës par
nos Baillifs, Senéchaux & autres Juges ressortissans nuëment en nos Cours, qui n'excederont la somme de deux cens livres ; celles des
autres Juges Roiaux, qui n'excederont six-
vingts livres ; & des Juges des Seigneurs, qui
n'excederont cent livres, seront executées,
nonobstant & sans préjudice de l'appel.

ARTICLE VIII.

NE pourront nos Cours surseoir ni defendre
l'execution des Sentences de provision, sans
avoir veu les charges & informations, & les
rapports des Medecins & Chirurgiens, & que
le tout n'ait esté communiqué à nos Procureurs Generaux : Et les defences ou surscan-
    Criminel.   I

ces n'auront aucun effet à l'égard de la provision, si elles ne sont expressément ordonnées
par l'Arrest, pour lequel ne seront prises aucunes épices.

TITRE XIII.

Des Prisons, Greffiers des geoles, Geoliers & Guichetiers.

ARTICLE I.

VOULONS que les prisons soient seures & disposées, en sorte que la santé des prisonniers n'en puisse estre incommodée.

ARTICLE II.

Tous Concierges & Geoliers exerceront en personne, & non par aucuns Commis ; & sçauront lire & écrire : & dans les lieux où ils ne le sçavent, en sera nommé d'autres dans six semaines, à peine contre les Seigneurs de privation de leur droit.

ARTICLE III.

AUCUN Huissier, Sergent, Archer, ou autre Officier de Justice ne pourra estre Greffier

des geoles, Concierge, Geolier, ni Guiche-
tier, à peine de cinq cens livres d'amende envers Nous, & de peine corporelle, s'il y é-
cheoit.

ARTICLE IV.

ENJOIGNONS aux Geoliers de donner des
gages raisonnables aux Guichetiers, & autres
personnes par eux préposées à la garde des prisonniers.

ARTICLE V.

IL n'y aura aucun Greffier de geole dans les
prisons Seigneuriales, & n'en sera établi aucun
de nouveau dans les Roiales.

ARTICLE VI.

LES Greffiers des geoles, où il y en a, ou
les Geoliers & Concierges, seront tenus d'avoir
un registre relié, cotté & paraphé par le Juge
dans tous ses feuillets, qui seront separez en deux
colomnes pour les écrouës & recommandations,
& pour les élargissemens & décharges.

ARTICLE VII.

Ils auront encore un autre regiftre cotté &
paraphé auffi par le Juge , pour mettre par forme d'inventaire les papiers , hardes & meubles , defquels le prifonnier aura efté trouvé
faifi , & dont fera dreffé procés verbal par
l'Huiffier , Archer ou Sergent qui aura fait
l'emprifonnement , qui fera affifté de deux témoins qui figneront avec luy fon procés verbal ; & feront les papiers , hardes & meubles
qui pourront fervir à la preuve du procés , remis au Greffe fur le champ ; & le furplus rendu
à l'Accufé qui fignera l'inventaire & le procés
verbal : finon fur l'un & fur l'autre fera fait
mention de fon refus.

ARTICLE VIII.

Les Greffiers & Geoliers ne pourront laiffer aucun blanc dans leurs regiftres.

ARTICLE IX.

Leur defendons à peine des galeres, de dé-
livrer des écrouës à des perfonnes, qui ne feront

I iij

point actuellement prisonniers ; ni faire des écrouës, ou décharges sur feuilles volantes, cahiers, ni autrement, que sur le regiſtre cotté & paraphé par le Juge.

ARTICLE X.

LEUR defendons de prendre aucuns droits pour les empriſonnemens , recommandations & décharges ; mais pourront ſeulement pour les extraits qu'ils en délivreront, recevoir ceux qui feront taxez par le Juge , & qui ne pourront exceder , ſçavoir en toutes nos Cours & Juſtices, dix ſols, & la moitié en celles des Seigneurs ; ſans neantmoins pouvoir augmenter és lieux où l'uſage eſt de donner moins.

ARTICLE XI.

LES Juges regleront les droits appartenans aux Geoliers , Greffiers des geoles , & Guichetiers, pour vivres, denrées , giſtes , geolages , extraits d'élargiſſemens ou décharges, dont ſera fait un tableau ou tarif, qui ſera poſé au lieu le plus apparent de la priſon , & le plus expoſé à la veuë.

ARTICLE XII.

LES recommandations des prisonniers feront nulles, si elles ne leur sont signifiées parlant à leurs personnes, & copie baillée, dont sera fait mention dans le procés verbal de l'Huissier qui fera la recommandation.

ARTICLE XIII.

LES écrouës & recommandations feront mention des Arrests, Jugemens & autres actes, en vertu desquels ils seront faits ; du nom, surnom & qualité du prisonnier, de ceux de la partie qui les fera faire ; comme aussi du domicile qui sera par luy éleu au lieu où la prison est située ; sous pareille peine de nullité : Et ne pourra estre fait qu'un écrouë, encore qu'il y eust plusieurs causes de l'emprisonnement.

ARTICLE XIV.

DEFENDONS à tous Geoliers, Greffiers & Guichetiers, & à l'ancien des prisonniers appellé Doyen ou Prevost ; sous pretex-

te de bienvenuë, de rien prendre des prisonniers en argent ou vivres , quand mesme il
seroit volontairement offert ; ni de cacher leurs
hardes , ou les maltraitter & exceder , à peine
de punition exemplaire.

ARTICLE XV.

LE Geolier ou Greffier de la geole sera tenu de porter incessamment , & dans les vingt-
quatre heures pour le plus tard , à nos Procureurs , ou à ceux des Seigneurs , copie des
écrouës & recommandations qui seront faits
pour crimes.

ARTICLE XVI.

DEFENDONS aux Geoliers & Guiche-
tiers , de permettre la communication de quelque personne que ce soit avec les prisonniers
detenus pour crime, avant leur interrogatoire,
ni mesme aprés , s'il est ainsi ordonné par le
Juge.

ARTICLE

ARTICLE XVII.

NE sera pérmise aucune communication aux prisonniers enfermez dans les cachots , ni souffert qu'il leur soit donné aucunes lettres ou billets.

ARTICLE XVIII.

NE pourront aussi les prisonniers estre tirez des cachots , s'il n'est ainsi ordonné par le Juge; auquel cas ils le feront incessamment , & sans user de remise par les Geoliers , & Guichetiers , ni prendre & recevoir aucuns droits ou salaires , encore mesme qu'ils leur fussent volontairement offerts.

ARTICLE XIX.

DEFENDONS aux Geoliers de laisser vaguer les prisonniers pour dettes ou pour crimes , sur peine des galeres; ni de les mettre dans les cachots , ou leur attacher les fers aux pieds , s'il n'est ainsi ordonné par mandement signé du Juge ; à peine de punition exemplaire.

Criminel.   K

ARTICLE XX.

LES hommes prisonniers , & les femmes , seront mis en des chambres separées.

ARTICLE XXI.

ENJOIGNONS aux Geoliers & Guichetiers de visiter les prisonniers enfermez dans les cachots, au moins une fois chacun jour; & de donner avis à nos Procureurs , & à ceux des Seigneurs, de ceux qui seront malades , pour estre visitez par les Medecins , & Chirurgiens ordinaires des prisons , s'il y en a , sinon par ceux qui seront nommez par le Juge , pour estre , s'il est besoin , transferez dans les chambres : & aprés leur convalescence , seront renfermez dans les cachots.

ARTICLE XXII.

LES Geoliers & Guichetiers ne pourront recevoir des prisonniers aucunes avances pour leur nourriture , gistes & geolages;

& feront tenus donner quittance de tout ce qui
leur fera payé.

ARTICLE XXIII.

LE s creanciers qui auront fait arrefter ou
recommander leur debiteur, feront tenus luy
fournir la nourriture fuivant la taxe qui en fera
faite par le Juge, & contraints folidairement,
fauf leur recours entre eux. Ce que Nous
voulons avoir lieu à l'égard des prifonniers pour
crimes, qui aprés le jugement ne feront detenus que pour interefts civils. Sera neantmoins délivré executoire aux creanciers & à la
partie civile, pour eftre rembourfez fur les
biens du prifonnier par préference à tous creanciers.

ARTICLE XXIV.

SU R deux fommations faites à differens
jours aux creanciers qui feront en demeure, de
fournir la nourriture au prifonnier, & trois jours
aprés la derniere, le Juge pourra ordonner fon
élargiffement, partie prefente, ou deuëment ap-
pellée.

ARTICLE XXV.

LES prisonniers pour crime ne pourront
pretendre d'estre nourris par la partie civile ; &
leur sera fourni par le Geolier, du pain, de l'eau,
& de la paille, bien conditionnez, suivant les Reglemens.

ARTICLE XXVI.

CELUY qui sera commis par nostre Procureur, ou ceux des Seigneurs, pour fournir le pain
des prisonniers, sera remboursé sur le fond des
amendes, s'il est suffisant ; sinon sur le revenu de
nos domaines : Et où nostre domaine se trouvera engagé, les Engagistes y seront contraints ;
& ailleurs les Seigneurs Hauts-Justiciers, mesme
les Receveurs & Fermiers de nos domaines,
ceux des Engagistes & des Hauts-Justiciers respectivement, nonobstant oppositions ou appellations, pretendus manque de fond, & paye-
mens faits par avance, & toutes saisies ; sauf à
estre pourveu de fond aux Receveurs sur l'année
suivante, & faire déduction aux Fermiers sur le
prix de leurs baux.

ARTICLE XXVII.

LE s Geoliers ne pourront vendre la viande aux prisonniers aux jours qui sont defendus par l'Eglise, ni permettre qu'il leur en soit apporté de dehors, mesme à ceux de la Religion Pretenduë Reformée ; si ce n'est en cas de maladie, & par ordonnance de Medecin.

ARTICLE XXVIII.

LE s prisonniers qui ne seront enfermez dans les cachots, pourront faire apporter de dehors les vivres, bois, charbon, & toutes choses necessaires, sans estre contraints d'en prendre des Geoliers, Cabaretiers, ou autres. Pourra neantmoins ce qui leur sera apporté, estre visité, sans estre diminué ni gasté.

ARTICLE XXIX.

T o u s Greffiers, mesme de nos Cours, & ceux des Seigneurs, seront tenus prononcer aux Accusez les Arrests, Sentences, & Jugemens d'absolution ou d'élargissement, le mesme jour qu'ils auront esté rendus ; & s'il n'y a point d'appel par nos Procureurs, ou ceux des Seigneurs dans les vingt-quatre heures, mettre les Accusez hors des prisons, & l'écrire sur le registre de la geole ; comme aussi ceux qui n'auront esté condamnez qu'en des peines & reparations pecuniaires, en consignant és mains du Greffier les sommes adjugées pour amendes, aumosnes, & interests civils ; sans que faute de payement d'épices, ou d'avoir levé les Arrests, Sentences & Jugemens, les prononciations ou les élargissemens puissent estre differez : à peine contre le Greffier d'interdiction, de trois cens livres d'amende, dépens, dommages & interests des parties. Ne pourront neantmoins les prisonniers estre élargis, s'ils sont detenus pour autre cause.

ARTICLE XXX.

NE pourront les Geoliers, Greffiers des geoles, Guichetiers & Cabaretiers, ou autres, empécher l'élargissement des prisonniers pour frais, nourriture, giste, geolage, ou aucune autre dépense.

ARTICLE XXXI.

L E s prisonniers detenus pour dettes feront élargis sur le consentement des parties, qui les auront fait arrester ou recommander, passé pardevant Notaire, qui sera signifié aux Geoliers, ou Greffiers des geoles, sans qu'il soit besoin d'obtenir aucun jugement.

ARTICLE XXXII.

L E mesme sera observé à l'égard de ceux qui auront consigné és mains du Geolier, ou Greffier de la geole, les sommes pour lesquelles ils seront detenus. Voulons qu'ils soient mis hors des prisons, sans qu'il soit besoin de le faire ordonner.

ARTICLE XXXIII.

N E pourront les Greffiers des geoles, & les Geoliers de nos prisons, & de .celles des Seigneurs, prendre ni recevoir aucun droit de consignation, encore qu'il leur fust volontairement offert. Et les deniers consignez feront délivrez entierement aux parties, sans en rien retenir sous pretexte de droits de recepte , de consignation, ou de garde , ou pour épices , frais & expedition des jugemens , nourritures , giftes , geolages , & toute autre dépense des prisonniers; à peine de concussion.

ARTICLE XXXIV.

Enjoignons aux Lieutenans Criminels, & à tous autres Juges, d'observer & faire observer les Reglemens cy-dessus : Leur defendons d'ordonner aucun élargissement, sinon en la forme par Nous prescrite, à peine d'interdiction, & de tous dépens, dommages, & interefts des parties.

ARTICLE XXXV.

Nos Procureurs , & ceux des Seigneurs feront tenus visiter leurs prisons une fois chacune semaine, pour y recevoir les plaintes des prisonniers.

ARTICLE

ARTICLE XXXVI.

LES Greffiers des geoles , Geoliers & Guichetiers feront pareillement tenus d'executer noftre prefent Reglement , à peine contre le Greffier , d'interdiction , de trois cens livres d'amende, moitié vers Nous,& moitié aux neceffitez des Prifonniers, & de plus grande s'il y échet : & contre les Geoliers & Guichetiers, de deftitution , de trois cens livres d'amende applicable comme deffus , & de punition corporelle.

ARTICLE XXXVII.

ENJOIGNONS aux Juges d'informer des exactions, excés, violences, mauvais traitemens, & contraventions à noftre prefent Reglement, qui feront commifes par les Greffiers des geoles, les Geoliers & Guichetiers , dont la preuve fera complete , s'il y a fix témoins , quoy qu'ils dépofent chacun de faits finguliers & feparez, & qu'ils y foient intereffez.

ARTICLE XXXVIII.

LES Prifonniers mis en des prifons em-
Criminel.   L

pruntées, seront incessamment transferez.

ARTICLE XXXIX.

LES baux à ferme des prisons seigneuriales seront faits en presence de nos Juges, chacun dans leur ressort ; & ils en taxeront la redevance annuelle, qui ne pourra estre excedée par les Seigneurs , ni affermée à d'autres , à peine de déchoir entierement de leur droit de haute Justice.

TITRE XIV.

Des Interrogatoires des Accusez.

ARTICLE I.

L Es Prifonniers pour crimes feront interrogez inceffamment, & les interrogatoires commencez au plus tard dans les vingt-
quatre heures aprés leur emprifonnement , à
peine de tous dépens, dommages & interefts
contre le Juge qui doit faire l'interrogatoire;
& à faute par luy d'y fatisfaire , il fera procedé par un autre Officier, fuivant l'ordre du Tableau.

ARTICLE II.

L E Juge fera tenu vaquer en perfonne à
l'interrogatoire , qui ne pourra en aucun cas
eftre fait par le Greffier, à peine de nullité, &
d'interdiction contre le Juge & le Greffier, &

de cinq cens livres d'amende envers Nous contre chacun d'eux, dont ils ne pourront eſtre déchargez.

ARTICLE III.

Nos Procureurs, ceux des Seigneurs, & les parties civiles pourront donner des memoires au Juge pour interroger l'Accuſé, tant ſur les faits portez par l'information, qu'autres, pour s'en ſervir par le Juge, ainſi qu'il aviſera.

ARTICLE IV.

Il ſera procedé à l'interrogatoire au lieu où ſe rend la Juſtice, dans la Chambre du conſeil ou de la geole. Defendons aux Juges de les faire dans leurs maiſons.

ARTICLE V.

Pourront neantmoins les Accuſez pris en flagrant delit, eſtre interrogez dans le premier lieu qui ſera trouvé commode.

ARTICLE VI.

Encore qu'il y ait plusieurs Accusez, ils feront interrogez feparément, fans affiftance d'autre perfonne, que du Juge & du Greffier.

ARTICLE VII.

L'Accuse' preftera le ferment avant d'eftre interrogé, & en fera fait mention, à peine de nullité.

ARTICLE VIII.

Les Accusez de quelque qualité qu'ils foient, feront tenus de répondre par leur bou-che, fans le miniftere de confeil, qui ne pour-ra leur eftre donné, mefme aprés la confronta-tion, nonobftant tous ufages contraires, que nous abrogeons : fi ce n'eft pour crime de pe-culat, concuffion, banqueroute frauduleufe, vol de Commis ou Affociez en affaires de Fi-nances, ou de Banque, fauffeté de pieces, fuppofition de part, & autres crimes, où il s'a-gira de l'eftat des perfonnes ; à l'égard defquels les Juges pourront ordonner, fi la matiere le

requiert, que les Accusez aprés l'interrogatoire communiqueront avec leur conseil ou leurs
Commis. Laissons au devoir & à la religion des
Juges, d'examiner avant le jugement, s'il n'y
a point de nullité dans la procedure.

ARTICLE IX.

POURRONT les Juges aprés l'interrogatoire permettre aux Accusez de conferer avec
qui bon leur semblera, si le crime n'est pas
capital.

ARTICLE X.

LES hardes, meubles, & pieces servant à
la preuve, seront representées à l'Accusé lors de
son interrogatoire, & les papiers & écritures paraphées par le Juge & l'Accusé, sinon sera fait
mention de la cause de son refus : & sera l'interrogatoire continué sur les faits & inductions
resultantes des hardes, meubles & pieces, &
l'Accusé tenu d'y répondre sur le champ, sans
qu'il luy en soit donné autre communication;
si ce n'est és cas mentionnez en l'Article huitié-
me cy-dessus ; aprés neantmoins que l'interrogatoire aura esté achevé.

ARTICLE XI.

Sı l'Accusé n'entend pas la langue Françoise, l'Interprete ordinaire, ou, s'il n'y en a point, celuy qui fera nommé d'office par le Juge, aprés avoir presté ferment, expliquera à l'Accusé les interrogatoires qui luy feront faits par le Juge, & au Juge les réponses de l'Accusé; & fera le tout écrit en langue Françoise, signé par le Juge, l'Interprete & l'Accusé ; finon mention fera faite de fon refus de figner.

ARTICLE XII.

Ne fera faite aucune rature ni interligne dans la minute des interrogatoires ; & fi l'Accusé y fait aucun changement, il en fera fait mention dans la fuite de l'interrogatoire.

ARTICLE XIII.

L'interrogatoire fera leu à l'Accusé à la fin de chacune féance, cotté & paraphé en toutes fes pages, & figné par le Juge, & par l'Accusé, s'il veut ou fçait figner, finon fera fait mention de fon refus : le tout à peine de

nullité , & de tous dépens, dommages & interests contre le Juge.

ARTICLE XIV.

LES Commissaires de nostre Chastelet de Paris , pourront interroger pour la premiere fois
les Accusez pris en flagrant delit, les domestiques accusez par leurs maistres , & ceux contre
lesquels il y aura decret d'ajournement personnel seulement.

ARTICLE XV.

L'INTERROGATOIRE pourra estre reïte-
ré toutes les fois que le cas le requerra , & sera
chacun interrogatoire mis en cahier separé.

ARTICLE XVI.

DEFENDONS à nos Juges, & à ceux des
Seigneurs, de prendre, recevoir, ni se faire
avancer aucune chose par les Prisonniers pour
leur interrogatoire, ou pour aucuns autres droits
par eux pretendus ; sauf à se faire payer de leurs
droits par la partie civile, s'il y en a.

ARTICLE

ARTICLE XVII.

LES interrogatoires feront inceffamment communiquez à nos Procureurs, ou ceux des Seigneurs, pour prendre droit par eux, ou requerir ce qu'ils aviferont.

ARTICLE XVIII.

SERA auffi donné communication des interrogatoires à la partie civile en toutes fortes de crimes.

ARTICLE XIX.

L'ACCUSE' de crime auquel il n'échera peine afflictive, pourra prendre droit par les charges, aprés avoir fubi l'interrogatoire.

ARTICLE XX.

SI nos Procureurs, ou ceux des Seigneurs, & la partie civile, font receus à prendre droit par l'interrogatoire, & l'Accufé par les charges; la partie civile pourra donner fa requefte contenant les demandes, & l'Accufé les réponfes,

Criminel. M

dans le delay qui fera ordonné : paſſé lequel fera procedé au Jugement, encore que les requeſtes ou les réponſes n'ayent point eſté fournies.

ARTICLE XXI.

Sı pardevant les premiers Juges les conclufions de nos Procureurs, ou de ceux des Seigneurs, & en nos Cours les Sentences dont eſt appel, ou les conclufions de nos Procureurs Generaux, portent condamnation de peine affictive, les Accufez feront interrogez fur la fellette.

ARTICLE XXII.

L'ınterrogatoıre preſté fur la fellette pardevant le Juge des lieux, fera envoyé en nos Cours avec le procés, quand il y aura appel; à peine de cent livres d'amende contre le Greffier.

ARTICLE XXIII.

Les Curateurs & les Interpretes feront interrogez derriere le Bureau, encore que les conclufions & la Sentence portent peine affictive contre l'Accufé.

TITRE XV.

Des Recolemens & Confrontations des Témoins.

ARTICLE I.

SI l'accufation merite d'eftre inftruite, le Juge ordonnera que les témoins ouïs és informations, & autres qui pourront eftre ouïs de nouveau, feront recolez en leurs dépofitions, & fi befoin eft, confrontez à l'Accufé; & pour cét effet affignez dans un delay competent, fuivant la diftance des lieux, la qualité des perfonnes, & de la matiere.

ARTICLE II.

LES témoins defaillans feront pour le premier defaut condamnez à l'amende; & en cas de contumace, contraints par corps, fuivant qu'il fera ordonné par le Juge.

M ij

ARTICLE III.

NE pourra estre procedé au recolement des témoins, qu'il n'ait esté ordonné par jugement. Pourront neantmoins les témoins fort âgez, malades, valetudinaires, prests à faire voyage, ou pour quelque autre urgente necessité, estre repetez avant qu'il y ait aucun jugement qui l'ordonne; & ne vaudra la repetition du témoin pour confrontation contre le contumax, qu'aprés qu'il aura esté ainsi ordonné par le jugement de defaut de contumace.

ARTICLE IV.

LES témoins seront recolez, encore qu'ils ayent esté ouïs pardevant un des Conseillers de nos Cours, & que le recolement se fasse pardevant luy.

ARTICLE V.

LES témoins seront recolez separément, & seront, aprés serment & lecture faite de leur déposition, interpellez de declarer s'ils y veu-

lent ajoûter ou diminuër ; & s'ils y perſiſtent,
sera écrit ce qu'ils y voudront ajoûter ou diminuër, & lecture à eux faite du recolement, qui
sera paraphé & ſigné dans toutes ſes pages par
le Juge, & par le témoin, s'il ſçait ou veut ſigner;
ſinon sera fait mention de ſon refus.

ARTICLE VI.

LE recolement ne sera reïteré encore qu'il
ait eſté fait pendant l'abſence de l'Accuſé, &
que le procés ait eſté inſtruit en differens temps,
ou qu'il y ait pluſieurs Accuſez.

ARTICLE VII.

LE recolement des témoins fera mis dans
un cahier ſeparé des autres procedures.

ARTICLE VIII.

S'IL eſt ordonné que les témoins feront
recolez & confrontez, la dépoſition de ceux
qui n'auront eſté confrontez, ne fera point de
preuve, s'ils ne ſont decedez pendant la contumace.

ARTICLE IX.

DANS les crimes efquels il échet peine afflictive, les Juges pourront ordonner le recolement & la confrontation des témoins, qui
n'aura efté faite, fi leurs dépofitions font charge confiderable.

ARTICLE X.

DANS la vifite du procés fera fait lecture de
la dépofition des témoins, qui vont à la décharge, quoy qu'ils n'ayent efté recolez ni confrontez, pour y avoir égard par les Juges.

ARTICLE XI.

LES témoins qui depuis le recolement retracteront leurs dépofitions, ou les changeront
dans des circonftances effencielles, feront pourfuivis & punis comme faux témoins.

ARTICLE XII.

LES Accufez contre lefquels il y aura originairement decret de prife de corps, feront en

prison pendant le temps de la confrontation, &
en sera fait mention dans la procedure ; si ce n'est
que par nos Cours en jugeant les appellations, il
en ait esté autrement ordonné.

ARTICLE XIII.

LES confrontations seront écrites dans vn cahier separé, & chacune en particulier paraphée
& signée du Juge dans toutes les pages, par l'Accusé & par le témoin, s'ils sçavent ou veulent signer ; sinon sera fait mention de la cause de leur
refus.

ARTICLE XIV.

POUR proceder à la confrontation du Témoin, l'Accusé sera mandé, & aprés le serment
presté par le témoin & par l'Accusé, en presence
l'vn de l'autre, le Juge les interpellera de declarer s'ils se connoissent.

ARTICLE XV.

SERA fait ensuite lecture à l'Accusé des premiers articles de la déposition du témoin, contenant son nom, âge, qualité & demeure, la

connoissance qu'il aura dit avoir des parties, &
s'il est leur parent ou allié.

ARTICLE XVI.

L'Accusé sera ensuite interpellé par le Juge de fournir sur le champ ses reproches contre le témoin, si aucuns il a ; & averti qu'il n'y sera plus receu aprés avoir entendu la lecture de sa déposition, dont sera fait mention.

ARTICLE XVII.

Les témoins seront enquis de la verité des reproches, & ce que le témoin & l'Accusé diront, sera écrit.

ARTICLE XVIII.

Aprés que l'Accusé aura fourni ses reproches, ou declaré qu'il n'en veut point fournir, lecture luy sera faite de la déposition & du recolement du témoin, avec interpellation de declarer s'ils contiennent verité , & si l'Accusé est celuy dont il a entendu parler dans les déposition & recolemens ; & ce qui sera dit par l'Accusé & le témoin, sera aussi redigé par écrit.

ARTICLE

ARTICLE XIX.

L'Accusɛ´ ne fera plus receu à fournir de reproches contre le témoin, aprés qu'il aura entendu la lecture de fa dépofition.

ARTICLE XX.

Pourra neantmoins en tout eftat de caufe propofer des reproches, s'ils font juftifiez par écrit.

ARTICLE XXI.

Defendons aux Juges d'avoir égard aux declarations faites par les témoins depuis l'information, lefquelles nous declarons nulles. Voulons qu'elles foient rejettées du procés : & neantmoins le témoin qui l'aura faite , & la partie qui l'aura produite. condamnez chacun en quatre cens livres d'amende envers Nous , & autre plus grande peine, s'il y écheoit.

ARTICLE XXII.

Si l'Accufé remarque dans la dépofition du témoin quelque contrarieté ou circonftance,

Criminel.   N

qui puiſſe éclaircir le fait, & juſtifier ſon inno-
cence, il pourra requerir le Juge d'interpeller
le témoin de les reconnoiſtre, ſans pouvoir luy-
meſme faire l'interpellation au témoin : Et ſeront les remarques, interpellations, reconnoiſ-
ſances & réponſes auſſi redigées par écrit.

ARTICLE XXIII.

TOUT ce que deſſus aura lieu dans les confrontations qui ſeront faites des Accuſez les uns
aux autres.

ARTICLE XXIV.

S'il eſt ordonné que les témoins ſeront ouïs
une ſeconde fois, ou le procés fait de nouveau
à cauſe de quelque nullité dans la procedure,
le Juge qui l'aura commiſe, ſera condamné d'en
faire les frais, & payer les vacations de celuy
qui y procedera, & encore les dommages & intereſts de toutes les parties.

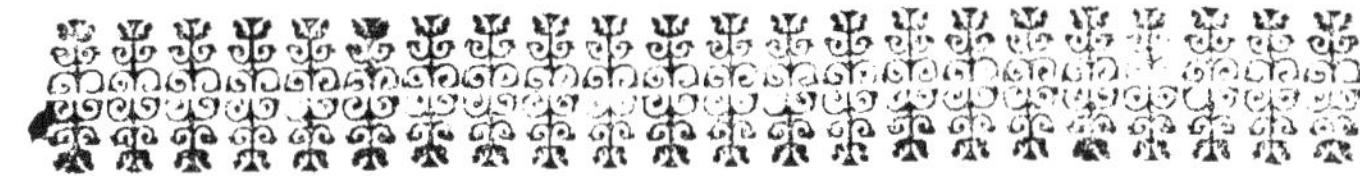

TITRE XVI.

Des Lettres d'Abolition, Remis-
sion, Pardon, pour ester à droit,
Rappel de ban ou de galeres,
Commutation de peine, Rehabi-
litation & Revision de procés.

ARTICLE I.

ENjoignons à nos Cours & autres Juges, auſquels l'adreſſe des Lettres d'abolition ſera faite, de les enteriner inceſſamment,
ſi elles ſont conformes aux charges & informations. Pourront neantmoins nos Cours nous
faire remontrance, & nos autres Juges repreſenter à noſtre Chancelier ce qu'ils trouveront
à propos ſur l'atrocité du crime.

ARTICLE II.

LES Lettres de remission seront accordées pour les homicides involontaires seulement, ou qui seront commis dans la necessité d'une legitime defense de la vie.

ARTICLE III.

LES Lettres de pardon seront seellées pour les cas, esquels il n'écheoit peine de mort, & qui neantmoins ne peuvent estre excusez.

ARTICLE IV.

NE seront données aucunes Lettres d'abolition pour les duels, ni pour les assassinats premeditez, tant aux principaux auteurs, qu'à ceux qui les auront assistez, pour quelque occasion ou pretexte qu'ils puissent avoir esté commis, soit pour venger leurs querelles, ou autrement; ni à ceux qui à prix d'argent ou autrement se loüent ou s'engagent pour tuer, outrager, exceder, ou recourre des mains de la Justice les prisonniers pour crimes ; ni à ceux qui les auront loüez ou induits pour ce faire, encor qu'il n'y ait

eu que la seule machination ou attentat, & que
l'effet n'en soit ensuivy : pour crime de rapt
commis par violence ; ni à ceux qui auront ex-
cedé ou outragé aucuns de nos Magistrats ou
Officiers, Huissiers & Sergens, exerçant, faisant
ou executant quelque acte de Justice. Et si aucunes Lettres d'abolition ou remission estoient
expediées pour les cas cy-dessus , nos Cours
pourront nous en faire leurs remontrances, &
nos autres Juges representer à nostre Chancelier ce qu'ils estimeront à propos.

ARTICLE V.

LES Lettres d'abolition, celles pour ester
à droit aprés les cinq années de la contumace,
de rappel de ban ou de galeres, commutation de
peine, rehabilitation du Condamné en ses biens
& bonne renommée , & de revision de procés,
ne pourront estre scellées qu'en nostre grande
Chancellerie.

ARTICLE VI.

L'ARREST ou le jugement de condamnation
sera attaché sous le contrescel des Lettres de
rappel de ban ou de galeres , commutation de

peine, ou de rehabilitation ; à faute dequoy les impetrans ne pourront s'en aider, & defendons aux Juges d'y avoir égard.

ARTICLE VII.

ENJOIGNONS à nos Juges, meſme à nos Cours, d'enteriner les Lettres de rappel de ban ou de galeres, commutation de peine, & de rehabilitation, qui leur feront adreſſées, fans examiner ſi elles font conformes aux charges & informations ; fauf à Nous repreſenter par nos Cours ce qu'elles jugeront à propos.

ARTICLE VIII.

POUR obtenir des Lettres de reviſion de procés, le Condamné fera tenu d'expoſer le fait avec fes circonftances, par requefte qui fera rapportée en noftre Conſeil, & renvoyée, s'il eft jugé à propos, aux Maiftres des Requeftes de noftre Hoftel, pour avoir leur avis que nous voulons enfuite eftre rapporté en noftre Con-feil. Et ſi les Lettres font juftes, il fera ordonné par Arreft qu'elles feront expediées & feellées ; & pour cét effet, elles feront fignées par un Se-cretaire de nos commandemens.

ARTICLE XIV.

POURRONT neantmoins les Lettres obtenuës par les Gentilshommes eltre adreſſées aux Preſidiaux, ſi leur competence y a eſté jugée.

ARTICLE XV.

Ne pourront les Lettres d'abolition, remiſſion, pardon, & pour eſter à droit, eſtre preſentées par ceux qui les auront obtenuës, s'ils ne ſont effectivement priſonniers & écrouëz; & feront les écrouës attachez aux Lettres, & eux contraints de demeurer en priſon pendant toute l'inſtruction, & juſques au jugement diffinitif des Lettres. Defendons à tous Juges de les élargir à caution ou autrement, à peine de ſuſpenſion de leurs charges, & de payer par eux les condamnations qui interviendront contre les Accuſez.

ARTICLE XVI.

LES Lettres feront preſentées dans trois mois du jour de l'obtention : paſſé lequel

temps, defendons aux Juges d'y avoir égard. Et
ne pourront les impetrans en obtenir de nouvelles, ni eſtre relevez du laps de temps.

ARTICLE XVII.

L'OBTENTION & la ſignification des Lettres ne pourront empeſcher l'execution des decrets, ni l'inſtruction, jugement & execution
de la contumace, juſques à ce que l'Accuſé ſoit
actuellement en eſtat dans les priſons du Juge,
auquel l'adreſſe en aura eſté faite.

ARTICLE XVIII.

LES charges & informations, & toutes les
autres pieces du procés, meſme les procedures
faites depuis l'obtention des Lettres, ſeront inceſſamment portées aux Greffes des Juges, auſquels l'adreſſe en ſera faite : Ce que nous voulons avoir lieu à l'égard des Lettres de reviſion.

ARTICLE XIX.

LES Lettres ſeront ſignifiées à la partie civile, & copie baillée avec aſſignation en vertu de
l'ordonnance du Juge, pour fournir ſes moyens

d'oppofition , & proceder à l'enterinement. Et feront les formes & delais prefcrits par noftre Ordonnance du mois d'Avril 1667. obfervez, fi ce n'eft que la partie civile confente de proceder avant l'écheance des delais , par acte figné & deuëment fignifié.

ARTICLE XX.

NE pourra eftre procedé au jugement des Lettres , qu'elles n'ayent efté, enfemble le procés, communiquées à nos Procureurs.

ARTICLE XXI.

LES demandeurs en Lettres d'abolition, remißion & pardon, feront tenus de les prefenter à l'Audience tefte nuë & à genoux, & affirmeront, aprés qu'elles auront efté leuës en leur prefence, qu'elles contiennent verité , qu'ils ont donné charge de les obtenir, & qu'ils s'en veulent fervir : aprés quoy feront renvoyez en prifon.

ARTICLE XXII.

NOS Procureurs, & la partie civile, s'il y en a, pourront nonobftant la prefentation des Lettres de remißion & pardon, informer par addition, & faire recoler & confronter les témoins.

ARTICLE XXIII.

DEFENDONS aux Lieutenans Criminels & tous autres Juges, aux Greffiers & Huissiers, de prendre ni recevoir aucune chose, encor qu'elle leur fust volontairement offerte, pour l'attache, lecture ou publication des Lettres, ou pour conduire & faire entrer l'impetrant à l'Audience, & sous quelque autre pretexte que ce soit; à peine de concussion & de restitution du quadruple.

ARTICLE XXIV.

LE demandeur en Lettres sera interrogé dans la prison par le Rapporteur du procés, sur les faits resultans des charges & informations.

ARTICLE XXV.

DEFENDONS à tous Juges, mesme à nos Cours, de proceder à l'enterinement des Lettres, que toutes les informations & charges n'ayent esté apportées & communiquées à nos Procureurs, veuës & examinées par les Juges: nonobstant toutes sommations qui pourroient

avoir eſté faites aux Greffiers de les apporter,
& les diligences dont les demandeurs enLettres
pourroient faire apparoir ; ſauf à decerner des
executoires, & ordonner d'autres peines contre
les Greffiers qui ſeront en demeure.

ARTICLE XXVI.

L ES impetrans ſeront interrogez dans la
Chambre, ſur la ſellette avant le jugement, &
l'interrogatoire redigé par écrit par le Greffier,
& envoyé avec le procés en nos Cours en cas
d'appel.

ARTICLE XXVII.

S I les Lettres de remiſſion & pardon ſont obtenuës pour des cas qui ne ſoient pas remiſſibles, ou ſi elles ne ſont pas conformes aux charges, les impetrans en ſeront déboutez.

ARTICLE XXVIII.

L ES impetrans des Lettres de reviſion qui
ſuccomberont, ſeront condamnez en trois cens
livres d'amende envers Nous, & cent cinquante
livres envers la partie.

O iij

TITRE XVII.

Des Defauts & Contumaces.

ARTICLE I.

SI le decret de prise de corps ne peut estre executé contre l'Accusé, il en sera fait perquisition, & ses biens seront saisis & annotez, sans que pour raison de ce il soit obtenu aucun jugement.

ARTICLE II.

LA perquisition sera faite à son domicile ordinaire, ou au lieu de sa residence, si aucune il a dans le lieu où s'instruit le procés; & copie laissée du procés verbal de perquisition.

ARTICLE III.

SI l'Accusé n'a point de domicile, ou ne reside au lieu de la Jurisdiction, la copie du decret sera affichée à la porte de l'Auditoire.

Si l'instruction se fait dans les 3. mois, la perquisition sera faite au lieu de la residence et non du domicile ordinaire, si elle se fait apres les 3 mois, il faut faire la perquisition au lieu du domicile ordinaire, declaration du mois de Janvier 1680.

art. 3.

Si l'Accusé n'a point de residence dans le lieu où se commis le crime et que l'instruction se fasse dans les 3. mois la perquisition et les assignations seront faittes a la porte de l'auditoire quand mesme il auroit domicile ailleurs.

ARTICLE IV.

LA saisie des meubles de l'Accusé sera faite en la maniere prescrite au Titre des Saisies & Executions, de nostre Ordonnance du mois d'Avril 1667.

ARTICLE V.

Les fruits des immeubles seront saisis, & Commissaires établis à leur garde avec les formalitez prescrites par nostre Ordonnance pour les Sequestres & Commissaires.

ARTICLE VI.

DEFENDONS à tous Juges d'établir pour Gardiens ou Commissaires les parens ou domestiques des Fermiers & Receveurs de nostre domaine, ou des Seigneurs, à qui la confiscation appartient.

ARTICLE VII.

SI l'Accusé est domicilié ou reside dans le lieu de la Jurisdiction, il y sera assigné à comparoir dans quinzaine; sinon l'exploit d'assignation sera affiché à la porte de l'Auditoire.

ARTICLE VIII.

A faute de comparoir dans la quinzaine, il sera assigné par un seul cri public à la huitaine ;
mais les jours de l'assignation & de l'écheance
ne seront compris dans les delais.

ARTICLE IX.

Le cri sera fait à son de trompe, suivant l'u-
sage, à la place publique, & à la porte de la Jurisdiction, & encore au devant du domicile ou
residence de l'Accusé, s'il en a.

ARTICLE X.

Si l'Accusé qui a pour prison la suite de nostre
Conseil, ou de nostre Grand Conseil, le lieu de
la Jurisdiction où s'instruit son procés, ou les
chemins de celle où il aura esté renvoyé, ne se
represente pas, il sera assigné par une seule proclamation à la porte de l'Auditoire, & le procés
verbal de proclamation affiché au mesme endroit, & procedé sans autres formalitez au reste
de l'instruction & jugement du procés.

ARTICLE

ARTICLE XI.

DEFENDONS aux Juges d'ordonner autre aſſignation ou proclamation, que celles cy-deſſus ; à peine d'interdiction , & des dommages & intereſts des parties.

ARTICLE XII.

APRE's le delay des aſſignations, la procedure ſera remiſe au Parquet de nos Procureurs, ou de ceux des Seigneurs, pour y prendre leurs concluſions.

ARTICLE XIII.

SI la procedure eſt valablement faite, les Juges ordonneront que les témoins ſeront recolez en leurs dépoſitions , & que le recolement vaudra confrontation.

ARTICLE XIV.

APRE's le recolement , le procés ſera derechef communiqué à nos Procureurs, ou ceux des Seigneurs, pour prendre leurs concluſions diffinitives.

Criminel. P

ARTICLE XV.

LE mefme jugement declarera la contumace bien inftruite, en adjugera le profit, & contiendra la condamnation de l'Accufé. Defendons d'y inferer la claufe, *Si pris & apprehendé peut eftre,* dont nous abrogeons l'ufage.

ARTICLE XVI.

LES feules condamnations de mort naturelle feront executées par effigie; & celles des galeres, amende honorable, banniffement perpetuel, flétriffure & du fouët, écrites feulement dans un tableau fans aucune effigie : Et feront les effigies, comme auffi les tableaux, attachées dans la place publique. Et toutes les autres condamnations par contumace feront feulement fignifiées, & baillé copie au domicile ou refidence du Condamné, fi aucune il a dans le lieu de la Jurifdiction; finon affichée à la porte de l'Auditoire.

ARTICLE XVII.

LE procés verbal d'execution fera mis au pied du jugement, figné du Greffier feulement.

ARTICLE XVIII.

SI le contumax eft arrefté prifonnier, ou fe reprefente aprés le jugement, ou mefme aprés les cinq années, dans les prifons du Juge qui l'aura condamné ; les defauts & contumaces feront mifes au neant, en vertu de noftre prefente Ordonnance : fans qu'il foit befoin de jugement, ou d'interjetter appel de la Sentence de contumace.

ARTICLE XIX.

LES frais de la contumace feront payez par l'Accufé, aprés avoir efté taxez en vertu de noftre prefente Ordonnance ; fans neantmoins que par faute de payement, il puiffe eftre furfis à l'inftruction & jugement du procés.

ARTICLE XX.

IL fera enfuite interrogé, & procedé à la confrontation des témoins; encore qu'il euft efté ordonné, que le recolement vaudroit confrontation.

ARTICLE XXI.

LA dépofition des témoins decedez avant le recolement, fera rejettée, & ne fera point leuë lors de la vifite du procés, fi ce n'eft qu'ils aillent à la décharge; auquel cas leur dépofition fera leuë.

ARTICLE XXII.

SI le témoin qui a efté recolé, eft decedé ou mort civilement pendant la contumace, fa dépofition fubfiftera, & en fera faite confrontation litterale à l'Accufé dans les formes prefcrites pour la confrontation des témoins. Et n'auront en ce cas les Juges aucun égard aux reproches, s'ils ne font juftifiez par pieces.

ARTICLE XXIII.

L E mefme aura lieu à l'égard des témoins qui ne pourront eftre confrontez à caufe d'une longue abfence, d'une condamnation aux galeres, ou banniffement à temps, ou quelque autre empefchement legitime pendant le temps de la contumace.

ARTICLE XXIV.

S i l'Accufé s'evade des prifons depuis fon interrogatoire, il ne fera ni ajourné ni proclamé à cri public; & le Juge ordonnera que les témoins feront ouïs, & ceux qui l'auront efté, recolez, & que le recolement vaudra confrontation.

ARTICLE XXV.

L E procés fera auffi fait à l'Accufé pour le crime du bris des prifons, par defaut & contumace.

ARTICLE XXVI.

S i le Condamné se represente, ou est mis prisonnier dans l'année de l'execution du jugement de contumace, main-levée luy sera donnée de ses meubles, immeubles ; & le prix provenant de la vente de ses meubles, à luy rendu, les frais déduits, en consignant l'amende à laquelle il aura esté condamné.

ARTICLE XXVII.

D e f e n d o n s à tous Juges, Greffiers, Huissiers, Archers ou autres Officiers de Justice, de prendre ou faire transporter à leur logis, ni mesme au Greffe, aucuns deniers, meubles, hardes, ou fruits appartenans aux Condamnez, ou à ceux mesme contre lesquels il n'y auroit que decret ; ni de s'en rendre adjudicataires sous leur nom, ou sous noms interposez, sous quelque pretexte que ce soit ; à peine d'interdiction, & du double de la valeur.

ARTICLE XXVIII.

S i ceux qui auront esté condamnez, ne se representent, ou ne sont constituez prisonniers dans les cinq années de l'execution de la Sentence de contumace, les condamnations pecuniaires, amendes & confiscations seront reputées contradictoires, & vaudront comme ordonnées par Arrest; Nous reservant neantmoins la faculté de les recevoir à ester à droit, & leur accorder nos Lettres pour se purger : Et si le jugement qui interviendra, porte absolution, ou n'emporte point de confiscation, les meubles & immeubles sur eux confisquez, leur seront rendus en l'état qu'ils se trouveront ; sans pouvoir pretendre neantmoins aucune restitution des amendes, interests civils, & des fruits des immeubles.

ARTICLE XXIX.

C E L U Y qui aura esté condamné par contumace à mort, aux galeres perpetuelles, ou qui aura esté banni à perpetuité du Royaume, qui decedera aprés les cinq années sans s'estre representé, ou avoir esté constitué prisonnier, sera reputé mort civilement du jour de l'execution de la Sentence de contumace.

ARTICLE XXX.

LES Receveurs de noftre domaine, les Seigneurs ou autres, à qui la confifcation appartient, pourront pendant les cinq années percevoir les fruits & revenus des biens des Condamnez, des mains des Fermiers redevables, & Commiffaires. Leur defendons de s'en mettre en poffeffion, ni d'en joüir par leurs mains, à peine du quadruple applicable moitié à Nous, moitié aux pauvres du lieu, & des dépens, dommages & interefts des parties.

ARTICLE XXXI.

NOUS ne ferons aucun don des confifcations qui nous appartiendront pendant les cinq années de la contumace: Ce que nous defendons pareillement aux Seigneurs Hauts-Jufticiers. Declarons nuls tous ceux qui pourroient eftre obtenus de Nous, ou faits par les Seigneurs; finon pour les fruits des immeubles feulement.

ARTICLE

ARTICLE XXXII.

APRE′s les cinq années expirées, les Receveurs de noſtre domaine, les donataires, & les
Seigneurs, à qui la confiſcation appartiendra,
feront tenus de ſe pourvoir en Juſtice pour avoir
permiſſion de s'en mettre en poſſeſſion ; & avant
d'y entrer, faire faire procés verbal de la qualité
& valeur des meubles & effets mobiliaires, & de
l'eſtat des immeubles, dont ils jouïront enſuite
en pleine proprieté: à peine contre les donataires & les Seigneurs d'eſtre décheus de leur droit,
qui ſera adjugé aux pauvres du lieu ; & contre les
Receveurs de noſtre domaine, de dix mille livres
d'amende applicable moitié à noſtre profit, &
moitié aux pauvres du lieu.

TITRE XVIII.

Des Muëts & Sourds, & de ceux qui refusent de répondre.

ARTICLE I.

SI l'Accusé est muët ou tellement sourd qu'il ne puisse ouir, le Juge luy nommera d'office un Curateur qui sçaura lire & écrire.

ARTICLE II.

LE Curateur fera serment de bien & fidelement defendre l'Accusé, dont sera fait mention, à peine de nullité.

ARTICLE III.

POURRA le Curateur s'instruire secretement avec l'Accusé par signe ou autrement.

ARTICLE IV.

LE muët ou sourd qui sçaura écrire, pourra écrire & signer toutes ses réponses, dires & reproches contre les témoins, qui seront encore signez du Curateur.

ARTICLE V.

SI le sourd ou muët ne sçait ou ne veut écrire ou signer, le Curateur répondra en sa presence, fournira de reproches contre les témoins, & sera receu à faire tous actes, ainsi que pourroit faire l'Accusé ; & seront les mesmes formalitez observées, à la reserve seulement que le Curateur sera debout & nuë teste en presence des Juges, lors du dernier interrogatoire, quelque conclusion ou Sentence qu'il y ait contre l'Accusé.

ARTICLE VI.

SI l'Accusé est sourd ou muët, ou ensemble sourd & muët, tous les actes de la procedure feront mention de l'assistance de son Curateur, à peine de nullité, & des dépens, dommages & interests des parties contre les Juges : le dispoſitif neantmoins du jugement diffinitif ne fera mention que de l'Accuſé.

ARTICLE VII.

Ne ſera donné aucun Curateur à l'Accuſé, qui ne voudra pas répondre le pouvant faire.

ARTICLE VIII.

Le Juge luy fera ſur le champ trois interpellations de répondre, à chacune deſquelles il luy declarera qu'autrement ſon procés luy ſera fait comme à un muët volontaire, & qu'aprés il ne ſera plus receu à répondre ſur ce qui aura eſté fait en ſa preſence, pendant ſon refus de répondre. Pourra neantmoins le Juge, s'il le trouve à propos, donner un delay pour répondre, qui ne pourra eſtre plus long de vingt-quatre heures.

ARTICLE IX.

Si l'Accuſé perſiſte en ſon refus, le Juge continuëra l'inſtruction de ſon procés, ſans qu'il ſoit beſoin de l'ordonner : & ſera fait mention en chacun article des interrogatoires & autres procedures faites en la preſence de l'Accuſé, qu'il n'a voulu répondre ; à peine de nullité des actes où mention n'en aura esté faite, & des dépens, dommages & interests de la partie contre le Juge.

ARTICLE X.

S ɪ dans la suite de la procedure l'Accusé veut répondre, ce qui sera fait jusques à ses réponses subsistera, mesme la confrontation des témoins, contre lesquels il n'aura fourni de reproches : & ne sera plus receu à en fournir, s'ils ne sont justifiez par pieces.

ARTICLE XI.

S'ɪʟ a commencé de répondre, & cessé de le vouloir faire, la procedure sera continuée, comme il est ordonné cy-dessus.

Q iij

TITRE XIX.

Des Iugemens & Procés verbaux de Question & Torture.

ARTICLE I.

S'IL y a preuve confiderable contre l'Accufé d'un crime qui merite peine de mort, & qui foit conftant, tous Juges pourront ordonner qu'il fera appliqué à la queftion, au cas que la preuve ne foit pas fuffifante.

ARTICLE II.

LES Juges pourront auffi arrefter, que nonobftant la condamnation à la queftion, les preuves fubfifteront en leur entier, pour pouvoir condamner l'Accufé à toutes fortes de peines pecuniaires ou afflictives; excepté toutefois celle de mort, à laquelle l'Accufé qui aura fouffert la queftion fans rien avouër, ne pourra eftre

condamné, si ce n'est qu'il survienne de nouvelles preuves depuis la question.

ARTICLE III.

PAR le jugement de mort il pourra estre ordonné que le Condamné sera prealablement appliqué à la question, pour avoir revelation des
complices.

ARTICLE IV.

SI celuy qui aura esté condamné à mort par
jugement Prevostal, & en dernier ressort, prealablement appliqué à la question, revele aucuns
de ses complices qui soient arrestez sur le champ;
la confrontation pourra en estre faite, encore que
le Prevost n'ait esté declaré competent pour connoistre des complices : sera tenu neantmoins de
faire aprés juger sa competence.

ARTICLE V.

DEFENDONS à tous Juges, à l'exception de
nos Cours seulement, d'ordonner que l'Accusé
sera presenté à la question sans y estre appliqué.

ARTICLE VI.

L E Jugement de condamnation à la question sera dressé & signé sur le champ, & le Rapporteur assisté de l'un des autres Juges se transportera sans divertir en la chambre de la question, pour le faire prononcer à l'Accusé.

ARTICLE VII.

L E S Sentences de condamnation à la question ne pourront estre executées, qu'elles n'ayent esté confirmées par Arrest de nos Cours.

ARTICLE VIII.

L'A C C U S E' sera interrogé aprés avoir presté serment, avant qu'il soit appliqué à la question, & signera son interrogatoire ; sinon sera fait mention de son refus.

ARTICLE IX.

L A question sera donnée en presence des Commissaires, qui chargeront leur procés verbal de l'estat de la question, & des réponses, confessions,

confeſſions, denegations, & variations à chacun
article de l'interrogatoire.

ARTICLE X.

I L ſera loiſible aux Commiſſaires de faire mo-
derer & relaſcher une partie des rigueurs de la
queſtion, ſi l'Accuſé confeſſe ; & s'il varie, de le
faire mettre dans les meſmes rigueurs : mais s'il
a eſté délié & entierement oſté de la queſtion, il
ne pourra plus y eſtre remis.

ARTICLE XI.

A P R E' s que l'Accuſé aura eſté tiré de la queſtion, il ſera ſur le champ & derechef interrogé ſur
ſes declarations, & ſur les faits par luy conteſſez
ou déniez ; & l'interrogatoire par luy ſigné : ſinon ſera fait mention de ſon refus.

ARTICLE XII.

Q U E L Q U E nouvelle preuve qui ſurvienne,
l'Accuſé ne pourra eſtre appliqué deux fois à la
queſtion pour un meſme fait.

Criminel.   R

TITRE XX.

De la conversion des procés civils en procés criminels, & de la reception en procés ordinaires.

ARTICLE I.

LEs Juges pourront ordonner qu'un procés commencé par voye civile, sera poursuivi extraordinairement, s'ils connoiffent qu'il peut y avoir lieu à quelque peine corporelle.

ARTICLE II.

EN inftruifant les procés ordinaires, ils pourront, s'il y écheoit, decerner decret de prife de corps, ou d'ajournement perfonnel, fuivant la qualité de la preuve, & ordonner l'inftruction à l'extraordinaire.

ARTICLE III.

S'il paroiſt avant la confrontation des témoins, que l'affaire ne doit pas eſtre pourſuivie criminellement, les Juges recevront les parties en procés ordinaire : Et pour cet effet, ordonneront que les informations feront converties en enqueſte, & permis à l'Accuſé d'en faire de ſa part, dans les formes preſcrites pour les enqueſtes.

ARTICLE IV.

Apres la confrontation des témoins, l'Accuſé ne pourra plus eſtre receu en procés ordinaire ; mais ſera prononcé diffinitivement ſur ſon abſolution ou ſa condamnation.

ARTICLE V.

Encore que les parties ayent eſté receuës en procés ordinaire, la voye extraordinaire ſera repriſe, ſi la matiere y eſt diſpoſée.

TITRE XXI.

De la maniere de faire le procés aux Communautez des Villes, Bourgs & Villages, Corps & Compagnies.

ARTICLE I.

On decrete des
puis de corps
contre les
principaux
autheurs et d'adjournement personnel contre la ville.

LE procés sera fait aux Communautez des Villes, Bourgs, & Villages, Corps & Compagnies qui auront commis quelque rebellion, violence ou autre crime.

ARTICLE II.

ELLES seront tenuës pour cet effet de nommer un Syndic ou Depuré, suivaut qu'il sera ordonné par le Juge ; & à leur refus, il nommera d'office un Curateur.

ARTICLE III.

LE Syndic, Deputé, ou Curateur subira les interrogatoires, & la confrontation des témoins, & sera employé dans toutes les procedures en la mesme qualité, & non dans le dispositif du jugement, qui sera rendu seulement contre les Communautez, Corps & Compagnies.

ARTICLE IV.

LES condamnations ne pourront estre que de reparation civile, dommages & interests envers la partie, d'amende envers Nous, privation de leurs privileges, & de quelque autre punition # qui marque publiquement la peine qu'elles auront encouruë par leur crime.

ARTICLE V.

OUTRE les poursuites qui se feront contre les Communautez, voulons que le procés soit

R iij

fait aux principaux auteurs du crime, & à leurs
complices: mais s'ils font condamnez en quelque peine pecuniaire, ils ne pourront eftre tenus de celles, aufquelles les Communautez auront efté condamnées.

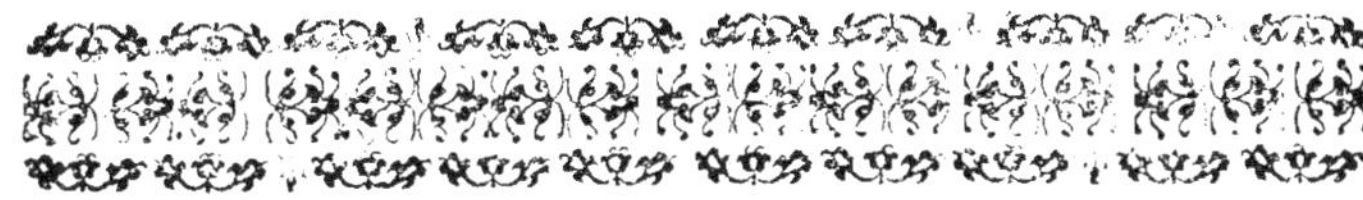

TITRE XXII.

De la maniere de faire le procés au ca-davre, ou à la memoire d'un défunt.

ARTICLE I.

L E procés ne pourra estre fait au cadavre, ou à la memoire d'un défunt, si ce n'est pour crime de leze-Majesté divine ou humaine, dans les cas où il échet de faire le procés aux défunts ; duel, homicide de soy-mesme, ou rebellion à Justice avec force ouverte, dans le rencontre de laquelle il aura esté tué.

ARTICLE II.

Le Juge nommera d'office un Curateur au cadavre du défunt, s'il est encor extant, sinon à sa memoire ; & sera préferé le parent du défunt, s'il s'en offre quelqu'un, pour en faire la fonction.

ARTICLE III.

Le Curateur sçaura lire & écrire, fera le serment, & le procés sera instruit contre luy en la forme ordinaire: sera neantmoins debout seulement, & non sur la sellette, lors du dernier interrogatoire: son nom sera compris dans toute la procedure, mais la condamnation sera renduë contre le cadavre, ou la memoire seulement.

ARTICLE IV.

Le Curateur pourra interjetter appel de la Sentence renduë contre le cadavre ou la memoire du défunt. Il pourra mesme y estre obligé par quelqu'un des parens, lequel en ce cas sera tenu d'avancer les frais.

ARTICLE V.

Nos Cours pourront élire un autre Curateur, que celuy qui aura esté nommé par les Juges, dont est appel.

TITRE

TITRE XXIII.

De l'abrogation des Appointemens, Ecritures & Forclusions en matiere criminelle.

ARTICLE I.

ABROGEONS les Appointemens à ouïr droit, produire, bailler defenses par attenuation, causes & moyens de nullité, réponses, fournir moyens d'obreption, & d'en informer, donner conclusions civiles, & tous autres Appointemens.

ARTICLE II.

ABROGEONS aussi l'usage de fournir des conclusions civiles, defenses, avertissemens, inventaires, contredits, causes & moyens de nullité, d'appel, griefs & réponses, commandement

Criminel.   S ou forclusion de produire ou contredire, pris à l'Audience ou au Greffe.

ARTICLE III.

POURRONT neantmoins les parties presenter leurs requestes, & y attacher les pieces que bon leur semblera, dont sera baillé copie à l'Accusé ; autrement la requeste & piece seront rejettées : Et pourra l'Accusé y répondre par requeste, qui sera aussi signifiée, & baillé copie, comme aussi des pieces qui y seront attachées ; sans neantmoins qu'à faute d'en bailler par l'Accusé, ou par la partie, le jugement du procés puisse estre retardé. Ce qui aura pareillement lieu en cause d'appel, qui sera jugé sur ce qui aura esté produit devant les Juges des lieux.

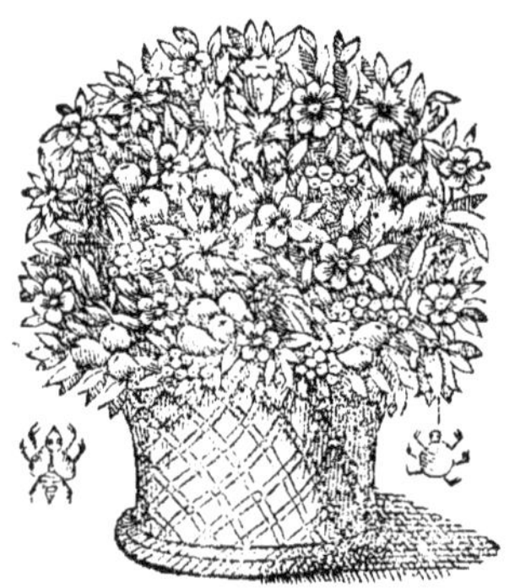

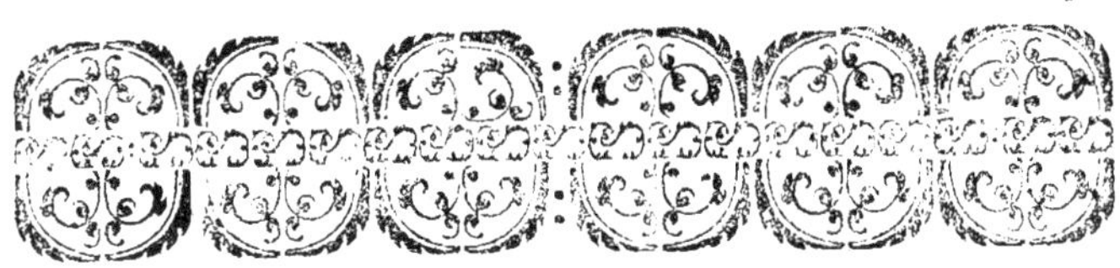

TITRE XXIV.

Des Conclusions diffinitives de nos Procureurs, ou de ceux des Iustices seigneuriales.

ARTICLE I.

APRE's que le recolement & la confrontation auront esté parachevez, nos Procureurs ou ceux des Seigneurs prendront communication du procés, pour y donner leurs Conclusions diffinitives ; ce qu'ils seront tenus de faire incessamment.

ARTICLE II.

LEUR defendons d'assister à la visite, ou au jugement du procés, ou d'y donner leurs Conclusions de vive voix, dont nous abrogeons l'ufage. N'entendons neantmoins rien innover à ce qui s'obferve dans noftre Chaftelet de Paris.

ARTICLE   III.

LE s Conclufions feront données par écrit, & cachetées, & ne contiendront les raifons fur lefquelles elles feront fondées.

TITRE XXV.

Des Sentences , Iugemens & Arrests.

ARTICLE I.

ENjoignons à tous Juges, mefme à nos Cours, de travailler à l'expedition des affaires criminelles par préference à toutes autres.

ARTICLE II.

IL fera procedé à l'inftruction & au jugement des procés criminels, nonobftant toutes appellations, mefme comme de Juge incompetent & recufé : Et fi les Accufez refufent de répondre fous pretexte d'appellations, le procés leur fera fait comme à des muets volontaires jufques à Sentence diffinitive.

ARTICLE III.

LES procedures faites avec les Accusez volontairement & sans protestation depuis leurs appellations, ne pourront leur estre opposées comme fin de non recevoir.

ARTICLE IV.

CEUX contre lesquels la contumace aura esté instruite & jugée, ne seront receus à presenter requeste, soit en premiere instance, ou en cause d'appel, qu'ils ne se soient mis en estat : ils pourront neantmoins proposer leurs exoines.

ARTICLE V.

LES procés criminels pourront estre instruits & jugez, encore qu'il n'y ait point d'information, & si d'ailleurs il y a preuve suffisante par les interrogatoires, & par pieces authentiques ou reconnuës par l'Accusé, & par les autres présomptions & circonstances du procés.

ARTICLE VI.

Les Sentences des premiers Juges qui ne contiendront que des condamnations pecuniaires, feront executées par maniere de provision, & nonobftant l'appel, en donnant caution : fi outre les dépens dans les Juftices des Seigneurs, elles n'excedent la fomme de quarante livres envers la partie, & de vingt livres envers le Seigneur ; dans les Jurifdictions royales, qui ne reffortiffent nuëment au Parlement, fi elles n'excedent cinquante livres envers la partie, & vingt-cinq livres envers Nous ; & dans les Bailliages & Senéchauffées où il y a Prefidial, Siege des Duchez & Pairies, & autres reffortiffans nuëment en nos Cours de Parlement, cent livres envers la partie, & cinquante livres envers Nous : Et fe chargeront les Receveurs de nos amendes, des fommes qui Nous feront adjugées par forme de confignation, fans frais ni droits ; & feront tenus de les employer en recepte aprés les deux années de la condamnation, s'ils ne juftifient les avoir reftituées en vertu d'Arrefts de nos Cours.

ARTICLE VII.

L'AMENDE payée par provision en la maniere cy-deſſus, ne portera aucune note d'infamie, ſi elle n'eſt confirmée par Arreſt.

ARTICLE VIII.

DEFENDONS à nos Cours de donner aucunes defenſes ou ſurſeances d'executer les Sentences, qui n'excederont les ſommes cy-deſſus. Declarons nulles celles qui pourroient eſtre données. Voulons ſans qu'il ſoit beſoin d'en demander main-levée, que les Sentences ſoient exeécutées par proviſion, & que les parties qui auront demandé des defenſes ou ſurſeances, & les Procureurs qui auront ſigné les requeſtes, ou fait quelques autres pourſuites, ſoient condamnez chacun en cent livres d'amende, qui ne pourra eſtre remiſe, ni moderée.

ARTICLE IX.

AUCUN procés ne pourra eſtre jugé de relevée, ſi nos Procureurs ou ceux des Seigneurs y ont pris des concluſions à mort, ou s'il y écheoit
une

une peine de mort naturelle ou civile, de galeres, ou banniſſement à temps. N'entendons
neantmoins rien innover à cet égard à l'uſage
obſervé par nos Cours.

ARTICLE X.

Aux procés qui ſeront jugez à la charge de
l'appel par les Juges Royaux, ou ceux des Seigneurs, eſquels il y aura des concluſions à peine
afflictive, aſſiſteront au moins trois Juges qui
ſeront Officiers, ſi tant il y en a dans le Siege,
ou Graduez; & ſe tranſporteront au lieu où s'e-
xerce la Juſtice, ſi l'Accuſé eſt priſonnier, & ſeront preſens au dernier interrogatoire.

ARTICLE XI.

Les Jugemens en dernier reſſort ſe donneront
par ſept Juges au moins ; & ſi ce nombre ne ſe
rencontre dans le Siege, ou ſi quelques-uns des
Officiers ſont abſens, recuſez, ou s'abſtiennent
pour cauſe jugée legitime par le Siege, il ſera
pris des Graduez.

ARTICLE XII.

LEs Jugemens soit diffinitifs ou d'instruction, passeront à l'avis le plus doux, si le plus severe ne prévaut d'une voix dans les procés qui se jugeront à la charge de l'appel, & de deux dans ceux qui se jugeront en dernier ressort.

ARTICLE XIII.

APRE's la peine de la mort naturelle, la plus rigoureuse est celle de la question avec la reserve des preuves en leur entier, des galeres perpetuelles, du bannissement perpetuel, de la question sans reserve des preuves, des galeres à temps, du fouët, de l'amende honorable, & du bannissement à temps.

ARTICLE XIV.

TOus Jugemens soit qu'ils soient rendus à la charge de l'appel, ou en dernier ressort, seront signez par tous les Juges qui y auront assisté; à peine d'interdiction, des dommages & interests des parties, & de cinq cens livres d'amende. N'entendons neantmoins rien innover à l'usage

de nos Cours, dont les Arrests feront fignez par
le Rapporteur & le Prefident.

ARTICLE XV.

Tous Jugemens en matiere criminelle qui
gifent en execution, feront executez pour ce qui
regarde la peine, en tous lieux fans permiffion
ni *Pareatis*.

ARTICLE XVI.

Les Juges pourront decerner executoire contre la partie civile, s'il y en a, pour les frais neceffaires à l'inftruction du procés, & à l'execution des Jugemens ; fans pouvoir neantmoins y
comprendre leurs épices, droits & vacations, ni
les droits & falaires des Greffiers.

ARTICLE XVII.

S'il n'y a point de partie civile, ou qu'elle
ne puiffe fatisfaire aux executoires, les Juges en
decerneront d'autres contre les Receveurs de
noftre domaine où il ne fera point engagé, qui
les acquitteront du fond par Nous deftiné à cet
effet. Et fi noftre domaine eft engagé, les Enga-

giltes, leurs Receveurs & Fermiers feront contraints au payement, mefme au deffus du fond
deftiné pour les frais de Juftice. Et dans la Juftice des Seigneurs, eux, leurs Receveurs & Fermiers feront pareillement contraints, & les executoires executez par provifion, & nonobftant
l'appel, contre les Receveurs ou Engagiftes de
nos domaines, & les Seigneurs ; fauf leur recours
contre la partie civile, s'il y en a.

ARTICLE XVIII.

ENJOIGNONS aux premiers Juges d'obfer-
ver le contenu és deux precedens Articles, à peine de cent cinquante livres d'amende, à laquelle
en cas de contravention ils feront condamnez
par les Juges fuperieurs, fans pouvoir eftre remife ni moderée : Et voulons que les mefmes
executoires foient auffi par eux délivrez.

ARTICLE XIX.

ENJOIGNONS à nos Procureurs, & à ceux des
Seigneurs, de pourfuivre inceffamment ceux qui
feront prévenus de crimes capitaux, ou aufquels
il écherra peine afflictive, nonobftant toutes
tranfactions & ceffions de droits faites par les

parties. Et à l'égard de tous les autres, seront
les transactions executées, sans que nos Procureurs ou ceux des Seigneurs puissent en faire aucune poursuite.

ARTICLE XX.

VOULONS que ce qui a esté ordonné pour
les dépens en matiere civile, soit executé en matiere criminelle.

ARTICLE XXI.

LES Jugemens seront executez le mesme jour
qu'ils auront esté prononcez.

ARTICLE XXII.

SI les Condamnez à l'amende honorable refusent d'obeïr à Justice, les Juges seront tenus leur
en faire trois differentes injonctions, aprés lesquelles pourront les condamner à plus grande
peine.

ARTICLE XXIII.

SI quelque femme devant ou aprés avoir esté

condamnée à mort, paroist ou declare estre enceinte, les Juges ordonneront qu'elle sera visitée par matrones, qui seront nommées d'office, & qui feront leur rapport dans la forme prescrite au Titre des Experts, par nostre Ordonnance du mois d'Avril 1667. Et si elle se trouve enceinte, l'execution sera differée jusqu'aprés son accouchement.

ARTICLE XXIV.

Le Sacrement de Confession sera offert aux Condamnez à mort, & ils seront assistez d'un Ecclesiastique jusques au lieu du supplice.

TITRE XXVI.

Des Appellations.

ARTICLE I.

Toutes Appellations de Sentences prépa-ratoires, interlocutoires & diffinitives de quelque qualité qu'elles foient, feront directe-ment portées en nos Cours, chacune à fon égard, dans les accufations pour crimes qui meritent peine afflictive; Et pour les autres crimes, à nos Cours, ou à nos Baillifs & Senéchaux au choix & option des Accufez.

ARTICLE II.

Les Appellations de permiffion d'informer des decrets, & de toutes autres inftructions, fe-ront portées à l'Audience de nos Cours & Juges.

ARTICLE III.

Aucune Appellation ne pourra empefcher ou retarder l'execution des decrets, l'inftruction & le jugement.

ARTICLE IV.

Ne pourront nos Cours donner aucunes defenfes ou furfeances de continuer l'inftruction des procés criminels, fans voir les charges & informations, & fans conclufions de nos Procureurs Generaux, dont il fera fait mention dans les Arrefts ; fi ce n'eft qu'il n'y ait qu'un ajournement perfonnel. Declarons nulles toutes celles qui pourront eftre données : voulons que fans y avoir égard, ni qu'il foit befoin d'en demander main-levée, l'inftruction foit continuée, & les parties qui les auront obtenuës, & leurs Procureurs condamnez chacun en cent livres d'amende applicable moitié à la partie, & moitié aux pauvres, qui ne pourront eftre remifes ni moderées.

ARTICLE

ARTICLE V.

L ES procés criminels pendans pardevant les
Juges des lieux, ne pourront eſtre évoquez par
nos Cours ; ſi ce n'eſt qu'elles connoiſſent aprés
avoir veu les charges, que la matiere eſt legere,
& ne merite une plus ample inſtruction : auquel
cas pourront les évoquer, à la charge de les juger ſur le champ à l'Audience, & faire mention
par l'Arreſt des charges & informations ; le tout
à peine de nullité.

ARTICLE VI.

S I la Sentence renduë par le Juge des lieux,
porte condamnation de peine corporelle, de galeres, de banniſſement à perpetuité, ou d'amende honorable, ſoit qu'il y en ait appel ou non,
l'Accuſé & ſon procés ſeront envoyez enſemble,
& ſeurement en nos Cours. Defendons aux
Greffiers de les envoyer ſeparémenr, à peine d'interdiction, & de cinq cens livres d'amende

ARTICLE VII.

S'IL y a pluſieurs Accuſez d'un meſme crime,
Criminel.   V

ils seront envoyez en nos Cours, encore qu'il n'y en ait qu'un qui ait esté jugé.

ARTICLE VIII.

LE mesme sera pratiqué, si l'un a esté condamné, & l'autre absous.

ARTICLE IX.

INCONTINENT aprés l'arrivée de l'Accusé & du procés aux geoles des prisons, le Greffier de la geole ou Geolier, sera tenu de remettre le procés au Greffier de nos Cours, qui en avertira le President pour le distribuer.

ARTICLE X.

LES informations & procés criminels seront distribuez par nos Procureurs Generaux à leurs Substituts, pour sur leur rapport y prendre des conclusions, s'il y écheoit; ou mis és mains de nos Avocats Generaux, si l'affaire est portée à l'Audience, sans que les Substituts puissent les prendre au Greffe, avant qu'ils leur ayent esté distribuez.

ARTICLE XI.

S i la Sentence dont eft appel, n'ordonne point de peine afflictive, banniffement, ou amende honorable, & qu'il n'y en ait appel interjetté par nos Procureurs, ou ceux des Juftices feigneuriales, mais feulement par les parties civiles ; le procés fera envoyé au Greffe de nos Cours, par le Greffier du premier Juge, trois jours aprés le commandement qui luy en fera fait, s'il eft demeurant dans le lieu de l'établiffement de nos Cours ; dans la huitaine, s'il eft hors du lieu, ou dans la diftance de dix lieuës : & s'il eft plus éloigné, le delay fera augmenté d'un jour pour dix lieuës ; à peine d'interdiction contre le Greffier, & de cinq cens livres d'amende : & les delais & procedures preferites par noftre Ordonnance du mois d'Avril 1667. feront obfervées pour les prefentations.

ARTICLE XII.

S i les procés de la qualité mentionnée en l'Article precedent, font introduits en nos Cours de Parlement, ils feront diftribuez ainfi que les procés civils.

V ij

ARTICLE XIII.

S I nos Procureurs des lieux, ou ceux des Justices seigneuriales, sont appellans, les Accusez, s'ils sont prisonniers, & leurs procés seront envoyez en nos Cours; & s'ils ont esté élargis depuis la prononciation de la Sentence, & avant l'appel, ils seront tenus de se rendre en état lors du jugement du procés en nos Cours, ainsi qu'il sera par elles ordonné.

ARTICLE XIV.

L E S executoires seront délivrez par nos Cours à ceux qui auront conduit les prisonniers, ou porté le procés.

ARTICLE XV.

L E S Accusez seront interrogez en nos Cours sur la sellette, ou derriere le Barreau, lors du jugement du procés.

ARTICLE XVI.

S I les Arrests rendus sur l'appel d'une Sen-

tence, portent condamnation de peine afflictive, les condamnez feront renvoyez fur les
lieux, fous bonne & feure garde, aux frais de
ceux qui en feront tenus, pour y eftre executez ;
s'il n'eft autrement ordonné par nos Cours pour
des confiderations particulieres.

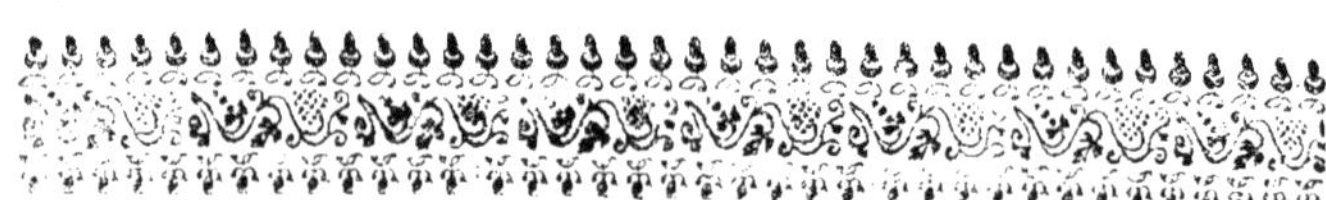

TITRE XXVII.

Des procedures à l'effet de purger la memoire d'un defunt.

ARTICLE I.

LA veuve, les enfans & les parens d'un condamné par Sentence de contumace, qui fera decedé avant les cinq ans, à compter du jour de son execution, pourront appeller de la Sentence : & si la condamnation de contumace est par Arrest ou Jugement en dernier ressort, ils se pourvoiront pardevant les mesmes Cours, ou Juges qui l'auront rendu.

ARTICLE II.

Aucun ne sera receu à purger la memoire d'un defunt, aprés les cinq années de la contumace expirées, sans obtenir nos Lettres en nostre grande Chancellerie.

ARTICLE III.

Nos Procureurs & les parties civiles, s'il y en a, feront affignez en vertu des Lettres, dont leur fera baillé copie, & fera procedé dans les delais prefcrits pour les affaires civiles.

ARTICLE IV.

Avant de faire aucune procedure, les frais de Juftice feront acquitez, & l'amende confignée.

ARTICLE V.

Le Jugement des inftances à l'effet de purger la memoire d'un défunt, fera rendu fur les char- ges·, informations, procedures, & pieces, fur lefquelles la condamnation par contumace fera intervenuë.

ARTICLE VI.

Pourront auffi les parties refpective- ment produire de nouveau telles pieces que bon leur femblera, & les attacher à une requefte, qui fera fignifiée à la partie, & copie baillée de la requeſte, & des pieces, ſans qu'il puiſſe eſtre pris aucun appointement.

ARTICLE VII.

L ᴇ s parties y répondront par autre requeſte, qui ſera pareillement ſignifiée, & copie baillée de la requeſte, & des pieces qui y ſeront atta- chées, dans les delais ordonnez pour la matiere civile ; ſi ce n'eſt qu'ils ſoient prorogez par les Juges.

TITRE

TITRE XXVIII.

Des faits juſtificatifs.

ARTICLE I.

DEFENDONS à tous Juges, meſme à nos Cours, d'ordonner la preuve d'aucuns faits juſtificatifs, ni d'entendre aucuns témoins pour y parvenir, qu'aprés la viſite du procés.

ARTICLE II.

L'Accusé ne ſera point receu à faire preuve d'aucuns faits juſtificatifs, que de ceux qui auront eſté choiſis par les Juges du nombre de ceux que l'Accuſé aura articulez dans les interrogatoires & confrontations.

Criminel. X

ARTICLE III.

LES faits feront inferez dans le mefme jugement qui en ordonnera la preuve.

ARTICLE IV.

LE jugement qui ordonnera la preuve des faits
juftificatifs, fera prononcé inceffamment à l'Accufé par le Juge, & au plus tard dans vingt-
quatre heures; & fera interpellé de nommer les
témoins, par lefquels il entend les juftifier: ce
qu'il fera tenu de faire fur le champ, autrement
il n'y fera plus receu.

ARTICLE V.

APRE's que l'Accufé aura nommé une fois
les témoins, il ne pourra plus en nommer d'autres, & ne fera point élargi pendant l'inftruction de la preuve des faits juftificatifs.

ARTICLE VI.

LES témoins feront affignez à la requefte de

nos Procureurs, ou de ceux des Seigneurs , &
ouïs d'office par le Juge.

ARTICLE VII.

L'Accusé fera tenu de consigner au Greffe
la somme qui sera ordonnée par le Juge , pour
fournir aux frais de la preuve des faits justificatifs, s'il peut le faire : autrement les frais seront
avancez par la partie civile , s'il y en a ; sinon par
Nous, ou par les Engagistes de nos domaines, ou
par les Seigneurs Hauts-Justiciers, chacun à son
égard.

ARTICLE VIII.

L'Enqueste estant achevée, elle fera communiquée à nos Procureurs, ou à ceux des Seigneurs , pour donner leurs conclusions , & à la
partie civile , s'il y en a ; & fera jointe au procés.

ARTICLE IX.

Les parties pourront donner leurs requestes,
ausquelles elles ajoûteront telles pieces qu'elles
aviseront sur le fait de l'enqueste ; lesquelles requestes & pieces seront signifiées respective-

ment, & copies baillées, sans que pour raison de ce il soit besoin de prendre aucun reglement, ni de faire une plus ample instruction.

VOULONS que la presente Ordonnance soit gardée & observée dans tout nôtre Royaume, terres & païs de nostre obeïssance, à commencer au premier jour de Janvier de l'année prochaine mil six cens soixante & onze : Abrogeons toutes Ordonnances, Coustumes, Loix, Statuts, Reglemens, Stils, & Usages differens ou contraires aux dispositions y contenuës. SI DONNONS EN MANDEMENT à nos amez & feaux Conseillers, les Gens tenans nos Cours de Parlement, Grand Conseil, Chambres des Comptes, Cours des Aides, Baillifs, Senéchaux, & tous autres nos Officiers, que ces presentes ils gardent, observent & entretiennent, fassent garder, observer & entretenir ; & pour les rendre notoires à nos Sujets, les fassent lire, publier & regiſtrer : CAR TEL EST NOSTRE PLAISIR. Et afin que ce soit chose ferme &

ſtable à toûjours, Nous y avons fait mettre noſtre Seel. DONNE' à Saint Germain en Laye, au mois d'Aouſt, l'an de grace mil ſix cens ſoixante-dix : & de noſtre Regne le vingt-huitiéme. Signé, LOUIS : Et plus bas, Par le Roy, COLBERT. *Et à coſté eſt écrit : Viſa,* SEGUIER, pour ſervir à l'Ordonnance des procedures criminelles.

Et encore à coſté eſt écrit : *Leuë, publiée, re-giſtrée, oüi & ce requerant le Procureur General du Roy, pour eſtre executée ſelon ſa forme & teneur. A Paris en Parlement, le vingt-ſixiéme Aouſt mil ſix cens ſoixante-dix.*

Signé, DU TILLET.

TABLE
DES MATIERES
PRINCIPALES.

LEttres d'*Abolition*, comment enterinées. *page* 99

en quel état se doivent mettre les demandeurs qui les presentent.   107

Accusateurs mal fondez, à quoy condamnez.   25

nouvelles *Accusations* survenuës en procés commencé pour crime Prevoftal, comment s'inftruifent. 20

Accusé eftant appliqué à la queftion, comment s'en fera le procés verbal.   21

Accusé ne pourra eftre élargi avant la competence jugée.   17

comme la competence ju-

gée, le jugement luy doit eftre auffi-toft prononcé, 9. *&* 10.

fi le Prevoft des Maréchaux eft declaré incompetent, comme quoy l'*Accusé* eft transferé aux prifons du Juge du delit.   19

Accusé dans quel crime peut prendre droit par les charges.   89

ce qui fe fait à l'*Accusé*, en procedant à la confrontation du témoin.   95

interpellé de fournir fes reproches fur le champ. 96

aprés iceux fournis, ou declaration de n'en vouloir fournir, ce qui fera fait. *ibid.*

Accusé pris en flagrant delit, comment arrefté &

écroüé. 54

quand l'*Accusé* n'a point de domicile, où la copie du decret doit estre affichée. 110

s'il a domicile, comment assigné. 111

ne comparant au temps, comment assigné. 112

si l'*Accusé* s'evade des prisons depuis son interrogatoire, ce qui doit estre fait. 117

Accusé, de quels faits justificatifs pourra-t-il estre receu à faire preuve. 161

dans quel temps le jugement qui en ordonnera la preuve, luy sera-t-il prononcé, & quelle interpellation luy sera faite. 162

ayant nommé témoins pour cet effet, ne sera plus receu à en nommer d'autres, ni élargi pendant l'instruction. *ibid.*

tenu de consigner pour les frais de la preuve, & à son defaut qui. 163

Accusé qui a pour prison la suite du Conseil, Grand Conseil, ou &c. comment sera assigné, ne se representant pas. 112

Accusé qui ne pourra comparoir en Justice, comment fera presenter ses excuses. 61

où peut estre interrogé. 84

si l'*Accusé* n'entend la langue Françoise, luy sera donné l'Interprete ordinaire, ou un nommé d'office, & ce qui se fera pour son interrogatoire. 87

Accusé ayant reconnu avoir écrit & signé des pieces, elles feront foy contre luy. 42

de mesme celles de main étrangere, par luy reconnuës. 43

en cas de refus de reconnoistre, ce que feront les Juges. 43. & 44

quand l'*Accusé* est muët ou sourd, ce que doit faire le Juge. 122

ce que doivent porter tous les actes de la procedure faite contre luy. 123

ne luy sera donné Curateur, ne voulant répondre, le pouvant faire. 124

interpellations que le Juge luy fera, & ce qu'il luy declarera. *ibid.*

s'il persiste en son refus, ce que

DES MATIERES.

que fera le Juge. *ibid.*
si dans la suite de la procedure il veut répondre,
ce qui validera, & com-
ment on agira. 125
s'il a commencé de répon-
dre, & a cessé, la proce-
dure sera continuée. *ib.*
Accusé & son procés, comment, & en quel cas se-
ront renvoyez és Cours
superieures. 153
l'*Accusé* & son procés
estant arrivez aux geo-
les des prisons, ce que
le Greffier de la geole
ou Geolier seront tenus
de faire. 154
si les Procureurs du Roy
des lieux, ou ceux des
Seigneurs, sont appel-
lans, ce qui sera de fai-
re à l'*accusé*. 156
Accusé tiré de la question,
sera derechef interrogé
sur les faits par luy confessez ou déniez. 129
Accusé pardevant quel Juge sera renvoyé. 3
quand ne pourra deman-
der son renvoy. *ibid.*
prestera le serment avant
qu'estre interrogé. 85
Accusez arrestez, ou con-

duits, sans pouvoir estre
detenus en maison par-
ticuliere. 57
Accusez arrestez par les
Prevosts des Mares-
chaux, en quelles prisõs
doivent estre côduits. 15
Accusez contre lesquels il
n'y aura eu originaire-
ment decret de prise de
corps, quand & com-
ment seront élargis. 59
comment ne le pourront
estre, quoy que les par-
ties civiles le consen-
tent, & que les amen-
des, aumosnes & repa-
rations ayent esté consi-
gnées. 85
seront en prison pendant le
temps de la confronta-
tion. 94. *&* 95
Accusez, quand seront interrogez sur la sellette. 90
quoy qu'il y en ait plu-
sieurs, seront interrogez
separément. 85
Accusez, bien qu'il n'y en
ait qu'un de jugé, seront
renvoyez aux Cours su-
perieures. 153 *&* 154
de mesme si l'un est con-
damné & l'autre absous.
154

Accusez, où feront interrogez és Cours fupe-
rieures. 156

Accusez dans quel temps
leurs Jugemens leur fe-
ront prononcez , & ce
qui fe fera enfuite. 77

Accusez contre lefquels le
Prevoft des Maréchaux
aura receu plainte , in-
formé & decreté , fe
pourront mettre és pri-
fons du Prefidial du lieu
du delict, pour y faire juger la competence,& ce
qu'ils devront faire. 14

les meubles, &c. des *Ac-
cufez* ne peuvent eftre
retenus par aucuns Of-
ficiers de la Maréchauf-
fée , à peine,&c. 15

Accufez,de quelque qualité qu'ils foient , tenus
de répondre par leur
bouche, fans miniftere
de confeil. 85

crimes dans lefquels leur
peut eftre octroyé con-
feil. *ibid.*

procedures volontairemét
faites avec les *Accufez*,
& fans proteftations,ne
leur pourront eftre op-
pofées comme fin de

non recevoir. 142

des *Accufez* condamnez,
prefentez ou appliquez
à la queftion : Voyez
Queftion.

Addreffe des Lettres obtenuës par Gentilshom-
mes,où fe fera. 104

comment elle peut eftre
faite aux Prefidiaux. 105

où celles des perfonnes ro-
turieres. 104

en quel état fe doivent
mettre les demandeurs
qui les prefentent. 107

l'ufage des *Adjoints* dans
les informations de-
fendu , finon au cas
de l'Edit de Nantes. 32

Adjournement perfonnel ,
quand fe convertit en
decret de prife de corps.
53. *&* 54

comme peut eftre decer-
né en procés ordinaire. 139

informations , & procés
criminels , quand fe-
ront mis és mains des
Advocats Generaux.154

Affaires criminelles feront expediées prefe-

rablement à toutes au-
tres. 141
condamnations d’*Amen-
de* honorable , feront
écrites dans un ta-
bleau fans aucune effi-
gie. 114
condamnez à l’*Amende*
honorable refufans d’o-
beïr à juftice , aprés
quoy peuvent eftre con-
damnez à plus grande
peine. 149
Amende p yée par provi-
fion, quand ne porte
infamie. 144
l’*Amende* fera confignée
avant proceder à pur-
ger la contumace. 159
Voyez *Receveurs des A-
mendes.*
Amenez fans f andale ,
indéfiniment prohibez.
57
fi les Procureurs du Roy
fur les lieux , ou ceux
des Seigneurs font
Appellans , ce qui fe-
ra de faire à l’Accufé.
156
Appellations des Sentences preparatoires, &c.
dans les accufations
pour crimes qui meri-

tent p ine afflictive , où
feront portées. 151
Pour les autres crimes,
où. *ibid.*
Appellations de permif-
fion d’informer , de
decrets , & autres in-
ftructions , où portées.
ibid.
aucune *Appellation* ne
pourra empefcher ni
retarder l’execution des
decrets , l’inftruction,
ni le Jugement. 152
Appointemens à ouïr
droit , produire , bail-
ler defenfes par atte-
nuation , &c. abrogez
en matiere criminelle.
137
ce que les parties pour-
ront faire. 138
ne fera pris *Appointe-
ment* és inftances pour
purger la memoire
d’un défunct. 159. &
160
Archers des Prevofts des
Marefchaux ne peuvent
informer. 13
ne peuvent écrouër les
Prifonniers , arreftez
en vertu des decrets
defdits Prevofts. 14

Archers chargez de l'execu-
tion des decrets, ce qu'ils doivent faire en cas de rebellion. 56

defenses à eux & autres Officiers de Juſtice, de s'emparer des hardes des condamnez, & ſous quelle peine. 118

Arreſts ſur l'appel d'vne Sentence portant con-damnation de peine afflictive, où renvoyez pour eſtre execuzez. 157

Arreſts és Cours ſouve-raines, par qui feront ſignez. 147

Arreſts de defenſes, & ſurſeances contre les Sentences de provi-fion, comme quoy pourront valider. 65

Aſſignation pour eſtre oüi, quand ſera con-vertie en adjourne-ment perſonnel 52. & 54

Aſſignation pour eſtre oüi, contre un Juge ou Officier de Juſti-ce, n'emporte interdi-

ction. 55

autres *Aſſignations* aux ac-cufez que celles por-tées par la preſente Or-donnance, defenduës aux Juges à peine d'in-terdiction. 113

aprés le delay des *Aſſi-gnations* paſſé, où la procedure ſera remiſe. *ibid.*

Aſſignez pour eſtre ouïs en témoignage, com-me contraints d'y ſa-tisfaire. 30. & 31

B

BAillifs & Sené-chaux, quand peu-vent prevenir les Ju-ges ſubalternes, & non royaux. 5

de quels cas peuvent con-noiſtre. 6

condamnations à *Banniſ-fement* perpetuel feront écrites dans un tableau, ſans aucune effigie. 114

condamné par contuma-ce à *Banniſſement*, de quel temps ne s'eſtant repreſenté, eſt reputé mort civilement. 119

Baux à ferme des prisons seigneuriales, comment faits, & la redevance annuelle taxée. 82

ce qui se fera en matiere *Beneficiale*, en cas de fausseté reconnuë. 49

Bien-venuës des Prisonniers defenduës aux Geoliers, Greffiers, &c. 71

pour *Bris* des prisons le procés sera fait à l'Accusé par defaut & contumace. 117

C

PRISONNIERS enfermez dans les *Cachots* n'auront communication avec personne. 73

n'en seront tirez, s'il n'est ordonné par le Juge; & en ce cas sans remise de la part du Geolier. *ibid.*

n'y en pourront mettre pour debtes ou cri-

mes sans mandement signé du Juge. *ibid.*

les Geoliers & Guichetiers les visiteront vne fois au moins chacun jour, & à quelles fins. 74

en quels cas se fait le procés à un *Cadavre*. 135

Curateur au *Cadavre*, quel sera. *ibid.*

pourra interjetter appel de la Sentence renduë contre le *Cadavre*. 136

Causes & moyens de nulité, réponses, &c. abrogées en matiere criminelle. 137

ce que les parties pourront faire. 138

Cession de droits: Voyez *Transactions*.

Officiers de la *Chambre* des Comptes à Paris, où doivent estre poursuivis és causes, & matieres criminelles. 11

la *Clause*, si pris & apprehendé peut estre, abrogée. 114

Commissaires du Chastelet de Paris recevront les plaintes comme ci-devant, & sous quelles charges. 24

quelles personnes ils pourront interroger pour la premiere fois. 88

feront signer tous les feuillets des plaintes, & par qui. 24

Commissaires feront établis à la garde des fruits saisis, & quelles formalitez y sont necessaires. 111

quels ne peuvent estre Gardiens, ou *Commissaires*. ibid.

Communautez des Villes, Bourgs, &c. comme le procés leur sera fait en cas de crime. 132

feront tenuës pour cét effet de nommer un Syndic ou Deputé, si-non, &c. ibid.

ce que fera leur Syndic, Deputé ou Curateur. 133

condamnations contre elles, quelles seront. ibid.

poursuites faites contre elles, n'empescheront que le procés ne soit fait contre les principaux auteurs du crime, & de quelle peine tenus. ibid.

comment se prendra *Communication* d'vne piece pretenduë fausse. 49

pieces de *Comparaison* doivent est e authentiques, &c. 43

qui les pourra fournir. ibid.

par qui seront representées à l'Accusé, & s'il en convient seront paraphées. ibid.

par qui la verification en sera faite. 44

ce qui sera fait en cas de rejet, par le Juge, des pieces de *Comparaison*, ibid.

comment données aux Experts, pour estre veuës & examinees. 45

Competence, par quel nombre de Juges doit estre jugée. 18

ce qui se doit faire pour

faire juger vne *Compe-
tence* en dernier reſſort.
7
elle ne pourra eſtre ju-
gée , que l'Accuſé ouï
en preſence de tous les
Juges. 18
Jugement de *Competence*,
ſera prononcé ſur le
champ à l'Accuſé, ſigni-
fié , & copie baillée.
19
Voyez *Prevoſt.*
Competence doit eſtre jugée , aprés confronta-
tion faite par un Pre-
voſt non declaré com-
petent , des compli-
ces revelez par l'ap-
pliqué à la queſtion,
& condamné à mort
par Jugement prevoſtal.
127
Officiers de la Chambre
des *Comptes* à Paris , où
doivent eſtre pourſui-
vis és cauſes & matie-
res criminelles. 11
Concluſions civiles , defenſes , avertiſſemens, &c.
abrogez en matiere cri-
minelle. 137
ce que les parties pourront
faire. 138

Concluſions diffinitives cõment , & quand ſe-
ront baillées par les Procureurs du Roy, & des
Seigneurs. Seront bail-
lées cachetées. 139
avec les raiſons ſur leſ-
quelles elles ſeront fon-
dées. 140
quand il y a *Condamnation*
de peine corporelle,&c.
comment l'Accuſé & le
procés ſeront renvoyez
aux Cours ſuperieures
par les Greffiers. 153
Condamnations de mort
& contumace ſeront
executées par effigie.
114
celles des galeres , amendes honorables , &c.
ſeront écrites dans un
tableau , ſans aucune
effigie. *ibid.*
toutes autres *Condamna-
tions* par contumace,
comment ſeront execu-
tées. *ibid.*
Condamnations contre Cõ-
munautez , quelles ſe-
ront. 133
Condamné ſe repreſentant
ou mis Priſonnier dans
l'an de l'execution du

Jugement de contuma-
ce, rentre en ses biens,
les frais déduits , &
consignant l'amende ,
en laquelle il aura esté
Condamné. 118
Condamné à mort par con-
tumace ou aux gale-
res, &c. decedant dans
les cinq ans sans s'estre
representé , de quel
temps reputé mort ci-
vilement. 119
Condamnez ne se repre-
sentant, ou n'estant con-
stituez prisonniers dans
les cinq ans de l'exe-
cution de la Sentence
de contumace, les con-
damnations contre eux
renduës vaudront Ar-
rest. 118. & 119
Sacrement de Confession
sera offert aux condam-
nez à mort. 150
celuy à qui la Confiscation
appartient, ce qu'il peut
faire pendant les cinq
années des condamnez
par contumace. 120
ne pourra jouïr des fruits
& de leurs revenus par
ses mains. ibid.
ne pourra faire don des-

dits biens pendant les-
dites cinq années de
contumace , sinon des
fruits des immeubles
seulement. ibid.
les cinq années de la contumace expirées, com-
ment les Receveurs du
Domaine, Donataires,
& les Seigneurs à qui
la Confiscation appar-
tient, se pourvoiront en
Justice pour s'en mettre
en possession. 121
és crimes qui portent peine afflictive, le recole-
ment & Confrontation
de témoins, qui n'aura
esté faite, pourront estre
ordonnez , si leurs dé-
positions font charge. 94
ce qui sera fait pour proceder à la Confrontation des
témoins. 95
comment se fait la Con-
frontation à l'Accusé,
quand les témoins font
decedez aprés le reco-
lement. 116
avant Confrontation de témoins comme pourront
les Juges recevoir les
parties en procés ordi-
naire. 35
aprés

aprés la *Confrontation* l'Accufé n'y eft plus receu. *ibid.*

Confrontations feront écrites en cahier feparé, paraphé & figné, & par qui. 95

quand le Juge ordonnera que les témoins feront recolez en leurs dépofitions, & *Confrontez* à l'Accufé. 91

quand il eft ordonné que les témoins feront recolez & *Confrontez*, comment fera preuve la dépofition de ceux qui n'auront efté *Confrontez*. 93

dépofition de témoins à décharge, quoy que non recolez & *Confrontez*, fera leuë lors de la vifite du procés. 94

Confignation en crime de faux, quelle. 47

droit de *Confignation*, quoy qu'offert, ne fera pris par les Greffiers de la geole, ni par les Geoliers. 79

prifonniers pour debtes, comment élargis ayant *Configné* és mains du Geolier ou Greffier de la geole. *ibid.*

l'amende fera *Confignée* avant proceder à purger la *Contumace*. 159

Accufé tenu *Configner* au Greffe pour fournir aux frais de la preuve de fes faits juftificatifs, & ne le pouvant, qui. 163

Jugement de *Contumace*, ce qu'il doit contenir. 114

frais de *Contumace* feront payez par l'Accufé, fans que le defaut de payement furfoye l'inftruction & le Jugement du procés. 115

condamné fe reprefentant, ou mis prifonnier dans l'an de l'execution du Jugement de *Contumace*, rentre en fes biens, les frais déduits, & confignant l'amende en laquelle il aura efté condamné. 118

condamnez ne fe reprefentant, ou n'eftant conftituez prifonniers dans les cinq ans de l'execution de la Sentence de *Contumace*, les condamnations contre eux renduës vaudront Arreft. 118. & 119

Z

defenfes à tous Juges, Greffiers, &c. de prendre ou
faire tranfporter chez
eux aucuns deniers, meu-
bles,&c. appartenant aux
condamnez par *Contu-
mace*, ni s'en rendre ad-
judicataires, à peine d interdiction & du double
de la valeur.   118
qui reccu à purger la me-
moire du condamné par
Sentence ou Arreft de
Contumace, decedé avant
les cinq ans, & ce qui eft
à faire.   158
les cinq années expirées,
comment fe pourvoir.
ibid.
quelles procedures feront
obfervées.   159
dans quels delais les parties
y répondront, & la for-
me.   160
l'amende fera confignée a-
vant proceder à purger
la *Contumace*,   159
Contumax eftant arrefté prifonnier, ou fe reprefen-
tant, &c. les defauts &
Contumaces feront mis au
neant.   115
le *Contumax* reprefenté, ce
qui doit eftre fait. 116

Contumax peut aprés les
cinq ans de l'execution
de la Sentence de *Contu-
mace*, obtenir lettres pour
fe purger, & en cas d'ab-
folution ce qui fera fait.
119
Contumax jugez, non re-
ceus à prefenter requefte
qu'ils ne fe foient mis en
état.   142
les feules *Cours* fuperieures
peuvent ordonner que
l'Accufé fera prefenté à
la queftion, fans y eftre
appliqué.   127
Cours fuperieures pourront
élire un curateur au ca-
davre, autre que celuy
nommé par le Juge dont
eft appel.   136
Arrefts és *Cours* fouveraines
par qui feront fignez. 147
Cours fouveraines,comment
pourront donner defen-
fes & furfeances.   152
les données nulles, & quelle
peine contre les parties
qui les auront obtenuës,
& contre leurs Procu-
reurs.   *ibid*.
Cours fouveraines en quels
cas pourront evoquer les
procés criminels.   153

DES MATIERES.

Creanciers qui auront fait arrester ou recommander leur debiteur, feront tenus luy fournir la nourriture fuivant la taxe du Juge, &c. 75

le mefme des prifonniers pour crimes, detenus pour interefts civils, & comment on eft rembourfé. ibid.

les Creanciers eftant en demeure aprés deux fommations, ce que le Juge pourra ordonner. 75

quand le Crime n'eft pas de la competence des Prevofts des Maréchaux, ce qu'ils doivent faire. 16

où cette competence doit eftre jugée. 17

avant icelle jugée, l'Accufé ne pourra eftre élargi. ibid.

quand le Crime n'eft pas capital, le Juge peut permettre à l'Accufé de conferer avec qui bon luy femble, aprés l'interrogatoire. 86

à quels Juges la connoiffance des Crimes doit appartenir. 3

Crimes éfquels peut eftre octroyé confeil aux Accufez. 85

prevenus de Crimes capitaux, ou éfquels il échet peine afflictive, feront pourfuivis nonobftant tranfactions. 148

affaires Criminelles feront expediées preferablement à toutes autres. 141

Criminels pris en flagrant delict feront arreftez par les Prevofts des Maréchaux. 13

Cry public à fon de trompe, pour affigner un Accufé, où fe fait. 112

Curateur au cadavre, quel fera. 135

fçaura lire & écrire, & comment le procés fera inftruit contre luy. 136

pourra interjetter appel de la Sentence renduë contre le cadavre. ibid.

la condamnation fera renduë contre le cadavre & fa memoire feulement. ibid.

Curateur donné d'office à un Accufé muet & fourd, ce qu'il fera & pourra faire. 122

Curateur fignera les répon-

ponſes , dires & repro-
ches contre les témoins
du muet & ſourd , qui
pourra écrire & ſigner.
123
ce qu'il fera , & en quel
eſtat il ſera, le muet & le
ſourd ne voulant écrire,
ni ſigner. *ibid.*
Curateurs feront interrogez
derriere le barreau, en-
core que , &c. 90
Curez & Vicaires tenus faire la publication des mo-
nitoires, & qui à leur refus. 39
refuſans, ce qui ſera ordonné aprés la ſaiſie de leur
temporel à eux ſignifiée.
ibid.
ce qu'ils prendront pour
chacun monitoire. 40

D

Qui a fait arreſter ou
recommander ſon
Debiteur, eſt tenu luy fournir la nourriture, & com-
ment. 75
priſonniers pour *Debtes* comment élargis. 79
Declarations faites par les témoins depuis l'informa-
tion, nulles. 97
Decret de priſe de corps, ne

pouvant eſtre executé,
ce qui ſera fait. 110
ſi l'Accuſé n'a point de domicile, où la copie du
Decret ſera affichée. *ibid.*
Decret de priſe de corps,
côme peut eſtre decerné
en procés ordinaire. 130
Decrets, ſur quoy feront rendus. 52. & 54
comment peuvent eſtre
donnez , & procés ver-
baux *Decretez*. 53
tous *Decrets* executez nonobſtant appellations, ſans
demander permiſſion ni
Pareatis. 55
executans *Decrets* tenus d'é-
lire domicile. *ibid.*
qui doit preſter main-forte
à l'execution des *Decrets*
& Ordonnances de Juſti-
ce. 56
Decrets de priſe de corps
peuvent eſtre rendus con-
tre perſonnes non con-
nuës ſous deſignation. 57
ne peuvent eſtre decernez
contre domiciliez , ſinon
pour crime puniſſable de
peine afflictive ou infa-
mante. 58
Defenſes ou ſurſeance à l'e-
xecution des Jugemens

sur l'opposition aux monitoires, prohibées, & la peine. 41

Arrests de *Defenses* & surseance contre les Sentences de provision, comme quoy valideront. 65

Defenses & surseances de continuer l'instruction des procés criminels, ne seront données par les Cours superieures, sans voir les charges, & sans conclusions, *&c.* 152

aliàs nulles, & en quoy les parties, qui les auront obtenuës, condamnées, & leurs Procureurs. *ibid.*

Défauts en quel cas le procés leur peut estre fait. 135

Deniers adjugez par provision ne seront saisis pour frais de justice, ni consignez. 64

Deniers consignez aux Greffes des geoles seront entierement rendus aux parties sans droit de recepte, &c. 79. & 80

Denonciateurs mal fondez, à quoy condamnez. 25

Denonciations, comment doivent estre faites, & ce qui s'y doit observer. *ibid.*

Dépens adjugez par Iugement prevostal, par qui taxez, & en cas d'appel qui en connoistra. 21

Dépens en matiere criminelle, seront reglez comme en matiere civile. 149

Déposition de témoins, par qui sera écrite, comme sera signée & redigée. 33

Dépositions de témoins declarées nulles par defaut de formalitez, pourront estre reïterées. 34

quel égard se doit avoir à la *Déposition* des témoins decedez avant recolement. 116

quel aprés le recolement, si decedé ou mort civilemét pendát la contumace. *ibid.*

quel égard on aura à la *Deposition* des témoins, qui ne pourront estre confrontez pour longue absence ou autre empeschement 117

Député de Communautez : Voyez *Communautez* & Syndic.

Receveurs du *Domaine* comment pourront recevoir les fruits & revenus des biens des condamnez pendant les cinq années de la contumace. 120

executans decrets tenus d'é-
lire *Domicile.* 55

decrets ne peuvent estre decernez contre *Domiciliez,*
sinon pour crime punissa-
ble de peine afflictive ou
infamante. 58

Dons de confiscations pendant les cinq années de la
contumace, defendus aux
Seigneurs Hauts - Justi-
ciers, sinon des fruits des
immeubles. 120

pour *Duels* ne seront données
aucunes lettres d'aboli-
tion. 100

Duel: Voyez *Cadavre.*

E

ECclesiastiques quãd
peuvent demãder estre
jugez toute la Grand'
Chãbre assemblée.10.*&* 11

Ecclesiastiques assignez pour
estre ouïs en témoignage,
sous quelles peines con-
traints d'y satisfaire. 30. 31

Ecritures servant à preuve, serõt paraphées,& par qui.86

Ecrouës ne seront baillez par
les Greffiers des geoles, &
Geoliers qu'aux actuelle-
ment prisonniers, & sous
quelles peines. 69

quelles mentions ellés doivent faire. 71

copie des *Ecrouës* & recommandations dans quel
temps seront portées par
les Geoliers,&c. aux Pro-
cureurs du Roy & de Sei-
gneurie. 72

état des *Ecrouës* & des recommandations faites és
prisons, sera envoyé aux
Procureurs generaux, dãs
quel temps, par qui, &
de qui signé. 58

Effigie, quelles condamnations s'y executent, &
quelles non. 114

où les *Effigies* & tableaux
doivẽt estre attachez.*ibid.*

Accusé ne sera point *Elargi*
pendant l'instruction de la
preuve des faits justificatifs. 162

Elargissement de prisonniers
ne pourra estre empesché
pour frais de nourriture,
giste, &c. 78

comment les prisonniers
pour debtes *Elargis.* 79

defenses aux Lieutenans Criminels & tous autres Juges
d'ordonner aucun *Elargis-*
sement qu'en la forme prescrite par l'Ordonnance,à

peine d'interdiciō &c. 80
Enfans de l'un & de l'autre
    sexe, au deſſous de puber-
    té, receus à dépoſer, & quel
    égard à leur dépoſition 30
Enfans du condamné par cō-
    tumace decedé avant les
    5. ans, ce qu'ils ferōt pour
    purger ſa memoire. 158
comment ſe pourvoiront les
    cinq ans expirez.   ibid.
quelles procedures ſeront
    obſervées.   159. & 160
Enqueſte ſur faits juſtificatifs,
    à qui ſera cōmuniquée. 163
ſera jointe au procés.   ibid.
ce que pourront faire les par-
    ties ſur le fait d'icelle. 163.
    & 164
Etat des bleſſez, quand mis
    au Greffe.   27
Etat des ecrouës & recom-
    mandations faites és pri-
    ſons, ſera envoyé aux Pro-
    cureurs generaux, dans
    quel temps, par qui, & de
    qui ſigné.   58
procés criminels en quels cas
    peuvent eſtre Evoquez par
    les Cours ſouveraines. 153
Juges eſtans Executeurs de
    commiſſiont emanées du
    Roy, pourront commettre
    telles perſonnes qu'ils avi-

ſeront pour écrire les in-
    formations.   32
procés verbal d'Execution à
    mort ſera mis au pied du
    Jugement, ſigné ſeule-
    ment du Greffier.   115
quel Executoire peuvent de-
    cerner les Juges contre la
    partie civile s'il y en a,
    pour les frais du procés, &
    ce qu'ils y peuvent com-
    prendre.   147
quand il n'y a point de partie
    civile, contre qui ſeront
    decernées.   ibid.
Executoires pour la conduite
    des priſonniers ou port du
    procés, délivrez par les
    Cours ſuperieures.   156
Executoires ſeront decernez
    contre les Greffiers en de-
    meure d'apporter les char-
    ges & informations. 109
Exoine, à qui ſera montrée &
    communiquée.   62
ſi les cauſes paroiſſent legiti-
    mes, ce qui ſera ordonné.
    ibid.
droit ſur l'incident de l'Exoi-
    ne, comme ſera fait.   ibid.
Exoines pourrōt eſtre propo-
    ſées par ceux, contre leſ-
    quels la contumace aura
    été inſtruite & jugée. 142

Experts en verification de pieces de comparaison, comment ouïs. 45
en procedant au recolement leur ferõt reprefentées. *ibi.*
celles infcrites de faux, & celles de comparaifon, aprés quoy mifes és mains des *Experts.* 50
Experts, cõment feront repetez, quand il y a charge. 51
l'*Extraordinaire*, quand peut eftre reprife. 131
Extraordinaire ou pourfuite à l'*Extraordinaire.* Voyez *Procés civil.*

F

FAITS juftificatifs, ou témoins ouïs à cét effet, quand receus & ouïs. 161
de quels faits l'Accufé pourra eftre receu à faire preuve. *ibid.*
feront inferez au Jugement qui en ordonnera la preuve. 162
enquefte faite fur iceux, à qui fera communiquée. 163
pieces pretenduës *Falfifiées*, ou remifes, & ce qui fe fera. 45. & 47
crimes de *Fauffe* mõnoye, qui en doit connoiftre. 6. & 7
quels Juges peuvent connoî-

tre des infcriptions de *Faux* incidentes aux affaires pendantes pardevant eux. 10
en crime de *Faux*. cõment fe feront les procedures. 46
demandeur en infcription de *Faux*. à quoy tenu. 47
Faux incident, ce qui fera à faire. 48
ce que le Juge ordonnera fur la requefte à luy prefentée aux fins d'iceluy. *ibid.*
fi le defendeur en *Faux* ne fe veut fervir de la piece, ce qui fera fait. *ibid.*
moyens de *Faux* dans quel temps feront mis au Greffe. 49
comment pourront eftre joints 50
fi pertinents ou admiffibles, ce qui fera ordonné. *ibid.*
demandeur en *Faux* fuccombant, à quoy condamné. 51
femme condamnée à mort, paroiffant ou fe declarant enceinte, ce qui doit eftre fait. 149. & 150
condamnations de fleftriffure feront feulement écrites dans un tableau, fans aucune effigie. 114
condam-

DES MATIERES.

Condamnations au *Fouet*, feront auffi feulement efcrites dans un tableau & fans effigie. *ibid.*

Frais de Juftice feront acquittez, avant faire aucune procedure pour purger la contumace. 159

à quels *Frais* le Prifonnier doit eftre transferé. 3. & 4

Frais du port des informations & procedures par qui faits. 4. & 5

taxe des *Frais* & falaires des Témoins par qui fera faite. 34

Fruits des immeubles d'un Accufé communement faifis. 111

G

COndamnations aux *Galeres* feront feulement · écrites dans un tableau, fans aucune effigie. 114

Condamné par contumace aux *Galeres* perpetuelles, fans s'eftre reprefenté dans les cinq ans, de quand reputé mort civilement. 119

Gentils - hommes. Les Juges Prevofts ne peuvent connoiftre des crimes par eux commis. 6

quand peuvent demander à eftre jugez, toute la grand' Chambre affemblée. 10 & 11

Gentils-hommes exprimeront leur qualité, dans les Lettres de remiffion, &c. qu'ils obtiendront, à peine de nullité. 103.

où fe fera l'adreffe des Lettres par eux obtenuës. 104

Concierges & *Geoliers* quels doivent eftre. 67

Quelles perfonnes ne le peuvent eftre. *ibid.*

Geoliers donneront gages aux Guichetiers. 68

auront Regiftre là où il n'y a point de Greffier de *Geole*. *ibid.*

toutes bien - venües à eux défenduës. 71

Geolier ou Greffier de la *Geole* dans quel temps porteront copies des écrouës & recommandations aux Procureurs du Roy & des Seigneurs. 72

ne permettront communiquer avec le prifonnier, avant l'interrogatoire ni aprés, fi le Juge ne l'ordonne. *ibid.*

nullement ceux qui font dans les cachots. 73

ne les en tireront fans Ordonnance du Juge. *ibid.*

ne les y mettront auffi fans pareille ordonnance, ni leur mettront les fers aux pieds. *ibid.*

ne les laifferont vaguer. *ibid.*

vifiteront au moins, une fois chacun jour les cachots, & pour quelle fin. 74.

ne prendront aucune avance, pour nourriture, gifte & *Geolage*, & bailleront quittance de tout ce qui leur fera payé. 74 & 75

en quels jours & en quels cas les *Geoliers* pourront vendre de la viande aux Prifonniers. 77

Geoliers, Greffiers de *Geole*, &c. ne pourront empefcher l'élargiffement des prifonniers, pour frais, nourriture, gifte, &c. 78

ne prendront ni recevront aucun droict de confignation des deniers confignez en leurs mains, quoy que volontairement of-

fert. 79

Grand'Chambre de quelles perfonnes jugera les procez. 10 & 11

dans quel temps les procez verbaux de l'eftat des bleffez, &c. doivent eftre mis au *Greffe*. 27

dans quel delay la minute d'une piece pretendüe fauffe, doit eftre apportée au *Greffe*. 49

dans quel, les moyens de faux y doivent eftre mis. *ibid.*

Les *Greffiers*, ne pourront prendre aucuns droicts, pour l'enregiftrement des deux minutes des Jugemens Prevoftaux. 21

Greffier fera approuver les ratures. & figner les renvois dans les depofitions des témoins, & par qui. 34

Greffiers commis, où & dans quel temps, doivent remettre les minutes. 35

Greffiers garde-facs, quel Regiftre doivent tenir, en quelle forme. 36

Ceux des Prevoftez & Chaftellenies, où &

quand tenus d'envoyer le leur. 37

quand & comment ceux des Baillages, Senefchauf-fées & Marefchauffées. *ibid.*

tous *Greffiers*, dans quel temps tenus de prononcer aux Accufez leurs Jugemens, & ce qui fera fait en fuite. 77

Greffiers eftant en demeure d'apporter les charges & informations, il fera decerné executoire alencontre d'eux. 109

le *Greffier* feul figne le procez verbal de l'execution à mort au pied du Jugement. 115

défenfes à tous *Greffiers* de s'approprier des hardes des Condamnez, & fous quelle peine. 118

Greffiers envoyeront l'Accufé, & le procez enfemble és Cours fuperieures & non féparement, quand il y a condamnation de peine corporelle, &c. 353

dans quel temps le *Greffier* du premier Juge, quand il n'y a Sentence de peine

afflictive, &c. doit envoyer le procez au *Greffe* des Cours fuperieures. 155

Quelles perfonnes ne pourront eftre *Greffier* des *Geoles* ny Geolier, &c. 67

il ne fera étably aucun nouveau *Greffier* de *Geole* és Prifons Royales, & il n'y en aura point aux Seigneuriales. 68

ils auront Regiftre, & pareillement les Geoliers, és lieux efquels il n'y a Greffier de Geole, & quel. *ibid.*

autre regiftre pour les hardes des Prifonniers, & comme il en fera ufé. 69

ne laifferont aucun blanc en leurs Regiftres. *ibid.*

quels droits pourront prendre 70

Seront reglez par le Juge, & fait tarif & où pofé. *ibid.*

toutes bien venuës à eux défenduës. 71

Greffiers des *Geoles*, *Geoliers* & *Guichetiers* garderont le Reglement pour les Prifonniers, & fous quelle peine contre cha-

cun d'eux. 81
injonction aux Juges d'informer contre eux de la contravention, & quelle preuve sera complette. *ibid.*
Greffier de la Geole, ou Geolier, quoy tenus de faire aprés l'arrivée de l'Accusé & de son procez. 254
Griefs & responses en matiere criminelle abrogez. 137
Ce que pourront faire les parties. 138

H

Homicide de soy-mesme, Voyez *Cadavre.*
Huissiers, chargez de l'execution des Decrets de Justice, ce qu'ils doivent faire en cas de rebellion. 56
Défenses à eux & aux autres Officiers de Justice, de s'emparer des meubles & autres hardes des Condamnez, & sous quelle peine. 118

I

Fruicts des *Immeubles* d'un Accusé, comment saisis. 111
grosses des *Informations* & autres pieces & procedures, à quel Greffe doivent estre portées. 4
Cas ausquels les Juges pourront commettre leurs Clercs ou autres pour écrire les *Informations.* 32
Informations & pieces secretes du procez ne seront communiquées. 34
injonction aux Juges d'*Informer* des exactions &c. commis par les Greffiers des Geoles, Geoliers & Guichetiers. 81
Informations quand pourront estre converties en enquestes. 131
Informations & procez criminels quand seront mis és mains des Advocats generaux. 154
demandeur en *Inscription* de faux, à quoy tenu. 47
dans quel temps doit estre formée, quand le défendeur declare, se vouloir

fervir de la piece. 49

voyez *Faux*.

Inſtruction & Jugement des procez criminels, comme il y ſera procedé. 141

Decret d'ajournement perſonnel, ou de priſe de corps emporte *Interdiction*. 55

Ordonnance d'aſſigné pour eſtre oüy, contre un Juge ou Officier de Juſtice, n'emporte *Interdiction*. ibid.

Interlignes défendus és dépoſitions des témoins. 33

défendus en la minute des interrogatoires. 87

Interpretes feront interrogez derriere le barreau, bien que les Concluſions & Sentence portent peine afflictive contre l'Accuſé. · 90

Interrogatoires des Accuſez pour crimes dans quel temps feront commencez. 83

par qui faits. idid.

en quel lieu ſera procedé à *l'Interrogatoire*. 84

trouvez en flagrant delict peuvent eſtre *Interrogez* au premier lieu comme de. ibid.

qui peut donner memoires pour interroger l'Accuſé. *ibid.*

quand il y a pluſieurs Accuſez, ils feront *Interrogez* ſeparément. 85

pourront aprés *l'Interrogatoire*, conferer avec qui bon leur ſemble. 86

lors de l'*Interrogatoire*, toutes choſes ſervantes à la preuve feront repreſentées à l'Accuſé. ibid.

interlignes défendus en la minute de *l'Interrogatoire*. 87

Interrogatoire, comme leu, coté & paraphé à la fin de chacune page, & ſigné par le Juge & par l'Accuſé. ibid.

Peut eſtre reïteré. 88

défenſes à tous Juges de rien prendre des priſonniers pour leurs *Interrogatoires*. ibid.

Interrogatoires à qui feront communiquez. 89

Accuſez quand feront *Interrogez* ſur la ſellette. 90

Interrogatoire preſſé ſur la ſellette pardevant le Juge des lieux, ſera envoyé en cas d'appel és Cours superieures avec le procez. *ibid.*

Accusez ou *Interrogez* és Cours superieures. 156

Inventaire des hardes, chevaux , &c. des Arreftez par les Prevofts des Marefchaux, en prefence de qui fera fait. 14

Iuge qui aura commis nullité dans la procedure , fera les frais, lors qu'il faudra proceder de nouveau. 114

comme le *Iuge* des lieux, doit agir contre aucun pris en flagrant delict. 8 & 9

quels *Iuges* competens pour la connoiffance des crimes. 3

premiers *Iuges* à qui, quand & dans quel temps doivent renvoyer les procez & les Accufez. 4

Iuges, comme drefferont leur procez verbal des bleffez ou du corps mort & du lieu du delict. 27

Cas aufquels ils pourront commettre leurs Clercs ou autres pour efcrire les informations. 32

eftans executeurs des Commiffions émanées du Roy, pourront commettre telles perfonnes qu'ils aviferont. *ibid.*

Iuges Prefidiaux de quels cas peuvent connoiftre. 6 & 8

Iuges Prevofts ne connoiftront de crimes commis par Gentils-hommes ou Officiers de judicature. 6

Iuges fubalternes quand ne peuvent eftre prévenus par les Baillifs & Senefchaux. 5

En quels cas les *Iuges* fuperieurs pourront connoiftre des crimes. *ibid.*

défenfes à tous *Iuges* & autres Officiers de Juftice de prendre ou faire tranfporter chez eux , ny de fe rendre adjudicataires d'aucuns biens des Condamnez, fous peine d'interdiction & du double de la valeur. 118

Informeront des exactions & excés des Greffiers des Geoles, Geoliers & Guichetiers. 81

Iugement de contumace, ce qu'il doit contenir. 114

la claufe de *fi pris & apprehen-*

dé peut estre, abrogée. *ibid.*

Iugement à l'effect de purger la memoire d'un defunt, sur quoy sera rendu. 159

quelles pieces les parties pourront produire. *ibid.*

Iugement qui ordonnera la preuve des faits justificatifs d'un Accusé, dans quel temps luy sera prononcé. 162

des *Iugemens* Prevostaux, deux minutes en seront mises, l'une au Greffe du siege, où le procez aura esté jugé, l'autre en celuy de la Mareschaussée. 21

aux *Iugemens* en dernier ressort, quel nombre de *Iuges* est requis. 145

aux *Iugemens*, soit diffinitifs, soit d'instruction, quel avis sera suivy. 146

tous *Iugemens* soit à la charge de l'appel, soit en dernier ressort seront signez par tous les *Iuges* qui y auront assisté, & sous quelles peines. *ibid.*

à l'exception des Cours souveraines. 147

tous *Iugemens* en matiere criminelle qui gissent en execution, executez par tout à l'égard de la peine, sans permission ny pareatis. *ibid.*

Iugemens seront executez le mesme jour qu'ils auront esté prononcez. 149

faits *Iustificatifs*, ou Témoins à cet effet, quand receus & oüis. 161

l'Accusé receu à en faire preuve. *ibid.*

seront inserez dans le *Iugement* qui l'ordonnera. 162

dans quel temps ce *Iugement* qui l'ordonnera, sera prononcé à l'Accusé. *ibid.*

L.

Lettres d'abolition comment enterinées. 99

pour quel cas ne seront données. 100

pour presenter *Lettres d'abolition*, ou autres, en quel estat il faut estre. 105. & 107

dans quel temps doivent-elles estre presentées. *ibid.*

leur obtention n'empeschera l'execution des decrets,

inſtruction, &c. 106

charges & informations, & autres pieces feront portées au Greffe des Juges, auſquels l'adreſſe des *Lettres* eſt faite. *ibid.*

les *Lettres* feront ſignifiées à la partie & autres formalitez. *ibid.*

ne pourra eſtre procedé au jugement d'icelles, ſans communication aux Procureurs du Roy. 107

demandeurs en *Lettres d'abolition*, en quel eſtat les doivent preſenter. *ibid.*

Juges ne prendront aucune choſe de l'Impetrant. 108

Lettres pour eſter à droit, aprés les cinq ans de contumace, de rappel de ban, &c. ne pourront eſtre ſeellées qu'en la grande Chancellerie. 101

Lettres de pardon, pour quels cas feront ſeellées. 100

Lettres de rappel de ban, &c. comment feront enterinées par les Juges. 102

l'Arreſt ou Jugement de condamnation fera attaché ſous le contre-ſeel des *Lettres de rappel de ban*, &c. autrement nul

eſgard par les Juges. 101

Lettres de remiſſion pourquoy feront accordées. 100

dans les *Lettres de remiſſion, pardon*, &c. obtenuës par Gentils-hommes, ils exprimeront leur qualité, à peine de nullité. 103

où s'en fera l'adreſſe. 104

où de celles obtenuës par perſonnes de qualité roturiere. *ibid.*

nonobſtant la preſentation des *Lettres de remiſſion & pardon*, que peuvent faire les Procureurs du Roy & la partie civile. 107

impetrans *Lettres de remiſſion & pardon* pour cas non remiſſibles, ou n'eſtans conformes aux charges, en feront deboutez. 109

pour obtenir *Lettres de reviſion de proceʒ*, ce qui fera fait. 102

ce qui fera attaché ſous le contre-ſeel deſdites *Lettres de reviſion*. 103

Ce que les parties renvoyées pardevant les Juges en vertu deſdites *Lettres* devront faire & produire pardevant eux. *ibid.*

impetrans

impetrans *Lettres de Revifion*, fuccombans en quoy condamnez. 109

demandeur en *Lettres*, fera interrogé dans la prifon, fur les faits refultans des charges, & par qui. 108

impetrans des *Lettres*, feront interrogez fur la fellette avant le jugement *&c.* 109

défenfes à tous Juges de proceder à l'enterinement des *Lettres*, avant l'apport de toutes les charges & communication d'icelles aux Procureurs du Roy, *&c.* 108. *&* 109

défenfes aux Lieutenans criminels & autres Juges, *&c.* de prendre chofe aucune de l'impetrant des *Lettres*. 108

Lieutenans Criminels de robe courte, de quelles caufes peuvent connoiftre. 7

Lieutenans Criminels des Sieges prefidiaux, comment doivent faire juger leur competence en dernier reffort. 9

M.

MAin-forte, par qui doit eftre preftée à l'execution des Decrets & Ordonnances de Juftice. 56

Medecins & Chirurgiens comment fe conduiront en leurs rapports. 28

qui receu à purger la *Memoire* d'un condamné par contumace, decedé avant les cinq ans, & ce qui fera à faire. 158

les cinq années expirées, commēt fe pourvoir. *ibid.*

quelles formes feront tenuës, & quelles procedures obfervées. 159. *&* 160.

jugement à l'effet de purger la *Memoire* d'un défunt, furquoy fera rendu. 159

Memoire d'un défunt, voyez *Cadavre.*

les *Meubles*, armes & chevaux faifis, ou appartenans aux Accufez arreftez par les Prevofts des Marefchaux, ne peuvent eftre retenus par fes Officiers, à peine, *&c.* 15

faifie des *Meubles* d'un accufé, en quelle maniere sera faite. 111

feront faites & signées deux *Minutes* des jugemens prevoftaux, & où mifes. 21

Minutes des pieces fecretes d'un procés criminel, à qui peuvent eftre communiquées par le Greffier, &c. 34. & 35

où les Greffiers commis les doivent remettre, & dans quel temps. 35

Monitoires, par qui permis d'obtenir. 38

ce qu'ils doivent contenir. *ibid.*

perfonne n'y fera nommé, ny defigné. 39

Curez & Vicaires tenus les publier; & en cas de refus, qui. *ibid.*

Les feules condamnations de *Mort*, feront executées par effigie. 114

les Juges pourront ordonner que le condamné à *Mort*, fera appliqué à la queftion, pour avoir revelation des complices. 127

femme condamnée à *Mort*, paroiffant, ou fe declarant enceinte, ce qui doit

eftre fait. 149. & 150

Sacrement de Confeffion fera offert aux condamnez à *Mort*. 150

aprés la *Mort* naturelle quelle peine eft plus rigoureufe. 146

Moyens de faux, dans quel temps feront mis au Greffe. 49

comment peuvent eftre joints. 50

fi pertinens ou admiffibles, ce qui fera ordonné. *ibid.*

Accufé eftant *Muët* ou fourd ce que doit faire le Juge. 122

fçachans écrire, pourront écrire & figner leurs dires & reproches, lefquels fignera encore le Curateur. 123

ne voulant écrire ny figner, ce que fera leur Curateur, & en quel état il fera. *ibid.*

Ce qui luy fera declaré par le Juge, aprés les trois interpellations qu'il luy fera. 124

ce que fera le Juge, luy perfiftant en fon refus. 124. & 141.

fi dans la fuite il veut répotidre, ce qui fera fait. 125

N

Nourriture des prifonniers pour dettes, par qui fe fournira. 75
des detenus que pour interefts civils, par qui. *ibid.*
Le creancier eftant en demeure de la fournir, ce que le Juge ordonnera. *ibid.*
Juge qui aura commis quelque *Nullité* dans fa procedure, fera les frais quand il fera ordonné de faire de nouveau le procés. 98

O.

L'*obtention* des Lettres d'abolition n'empefchera l'execution des decrets, inftructions, &c. 106.
Medecins & Chirurgiens nommez d'*office*, comment fe conduiront en leurs rapports. 28
en quel cas témoins peuvent eftre oüis d'*office*. 31
Officiaux accorderont les
Monitoires, que le Juge a permis d'obtenir. 38
ce qui fera fait contr'eux en cas de refus de les accorder. 39
ce qu'eux & leurs Greffiers prendront pour chacun Monitoire. 40
Officiers de la Chambre des Comptes à Paris, où doivent eftre pourfuivis és caufes & matieres criminelles. 11
Officiers de judicature, que les Juges Prevofts ne connoiftront des crimes par eux commis. 6
Officiers de Juftice (dont les procés ont accouftumé d'eftre jugez és Grand' Chambres des Parlemens) quand peuvent demander y eftre jugez. 11
Oppofans à la publication de Monitoire à quoy tenus. 40
Oppofition à icelle, quand fera plaidée, & de l'execution du jugement qui interviendra fur icelle. *ibid.*
de quel jour l'obfervation de la prefente *Ordonnance* commencera. 164

P.

COmme il est pourveu au *Pain* des prisonniers, & au fonds pour iceluy. 76

Papiers & écritures servans à preuve, seront paraphez par le Juge & par l'Accusé. 86

Lettres de *Pardon*, pour quels cas seront seellées. 100

Parens, ce qu'ils feront pour purger la memoire du condamné, par Sentence ou Arrest de contumace, decedé avant les cinq ans. 158

comment se pourvoiront les cinq ans expirez. *ibid.*

quelles procedures seront observées, se pourvoyant contre lesdites Sentences ou Arrests. 159. & 160

Partie civile défaillant, à la diligence de qui les procés seront poursuivis. 26

quand il y a *Partie* civile, quel executoire peuvent decerner les Juges, pour les frais du procés. 147

contre qui la decerneront

ils quand il n'y en a point. 147. & 148.

enjoint aux premiers Juges d'observer ces deux dispositions, & sous quelle peine. 148

aprés jugement de condamnation de peine afflictive, Accusez ne peuvent estre élargis, quoy que les *Parties civiles* le consentent, *&c.* 60

plaignans reputez *Parties civiles*, & dans quel temps se peuvent desister. 25

enjoint aux Procureurs du Roy & des Seigneurs, de poursuivre les prevenus de crimes ausquels il échet *Peine* afflictive, non-obstant transactions & cessions de droits, *&c.* 148

Quelle *Peine* aprés la mort naturelle est plus rigoureuse. 146

Peines des plaintes jugées calomnieuses. 26

Perquisition d'un Accusé, où doit estre faite. 110

Pieces pretenduës falsifiées, où remises, & ce qui sera fait. 46

Plaignans comme reputez Parties civiles, & dans

DES MATIERES.

quel temps fe peuvent de-
fifter. 25

aprés la *Plainte* renduë devant un Juge, on ne peut
demander renvoy devant
un autre, 3

Plaintes comment fe feront.
23

qui les doit recevoir. *ibid.*

peuvent eftre receuës par les
Commiffaires du Chafte-
let de Paris, & à quelles
charges. 24

par qui fignées. *ibid.*

peines des *Plaintes* jugées
calomnieufes. 26

Prevofts des Marefchaux ne
pourront recevoir *Plainte,*
hors leur reffort. 12

adreffe des Lettres obte-
nuës par Gentils-hômes,
quand peut eftre faite
aux *Prefidiaux.* 105

plus de *Prevention* entre les
Juges. 5

mefme entre les Juges des
Seigneurs. *ibid.*

injonction aux Procureurs
du Roy & des Seigneurs
de pourfuivre les *Preve-
nus* de crimes, aufquels
il échet peine afflictive,
nonobftant tranfactions,
&c. 148

Prevofts des Maréchaux, de
quels crimes peuvent con-
noiftre, 7. *&* 12.

ne pourront en aucun cas
juger à la charge de l'appel. 8

ne pourront recevoir plainte, ny informer hors leur
reffort. 12

tenus mettre à execution
les decrets & mandemens
de Juftice, en eftant re-
quis, à peine, *&c.* 13

arrefteront les criminels pris
en flagrant delit, ou à la
clameur publique. *ibid.*

ne pourront donner com-
miffions à leurs Archers,
ny, *&c.* pour informer.
ibid.

tenus faire inventaire des
hardes, *&c.* des Accufez
par eux arreftez, & en
prefence de qui. 14

Prevoft des Marefchaux,
comme quoy, & en pre-
fence de qui doit interroger les Accufez. 16

ce que lefdits *Prevofts* doivent declarer à l'Accufé,
à fon premier interro-
gatoire. *ibid.*

en cas d'incompetence de
leur part, ce qu'ils doi-

vent faire. *ibid.*

où les recufations propo-
fées alencontre d'eux
doivent eftre jugées. 17

quand le *Prevoft* des Marefchaux eft declaré incom-
petent, comment l'Ac-
cufé eft transferé aux prifons du Juge du delit, &
ce qui eft à faire. 19

Le *Prevoft* declaré competent, ce qui eft à faire. 20

ce que doit faire un *Prevoft*
quand un condamné à
mort par jugement *Pre-
voftal* & en dernier reffort
appliqué à la queftion, a
revelé aucuns complices.
127

papiers & écritures fervans
de *Preuve*, feront para-
phées par le Juge & par
l'Accufé. 86

Prifonnier à quels frais doit
eftre transferé. 3

Prifonnier, fans quoy ne peut
eftre élargi. 59. & 60

Prevoft des Marefchaux laifferont aux *Prifonniers* par
eux arreftez, copie du
procés verbal de capture
& de l'écroüe. 14

il faut eftre effectivement
Prifonnier & écroüé, pour
prefenter des Lettres d'a-
bolition ou autres. 105

dans quel temps elles doivent eftre prefentées. *ib.*

recommandations de *Pri-
fonniers*, ce qui eft à faire
pour eftre valables. 71

Prifonniers ne pourront communiquer avec perfonne,
avant eftre interrogez.
72

nullement ceux des cachots.
73

Les *Prifonniers* n'en pourront eftre tirez, qu'il ne
foit ordonné par le Juge.
ibid.

Prifonniers pour crimes, feulement detenus pour in-
terefts civils, comment
la nourriture leur fera
fournie par la partie civile. 75

Prifonniers pour crimes, par
qui & comment nourris.
76

comme il eft pourveu au
pain des *Prifonniers*, & au
fonds pour iceluy. *ibid.*

Prifonniers non enfermez
dans les cachots, fe pourront faire apporter de dehors les vivres & chofes
neceffaires, *&c.* 77

Leur élargissement ne pourra estre empesché pour frais, nourriture, giste, &c. 78

Prisonniers pour dettes, comment élargis. 79

Prisonniers mis en Prisons empruntées, incessamment transferez. 81

en quelles Prisons les Accusez arrestez par les Prevosts des Mareschaux, doivent estre conduits. 15

quand le Prevost des Mareschaux est declaré incompetent, comment l'Accusé est transferé aux Prisons du Juge du delit, & ce qui est à faire. 19

quelles doivent estre les Prisons. 64

si l'Accusé depuis son interrogatoire s'évade des Prisons, ce qui doit estre fait. 17

pour bris d'icelles, le procés luy sera fait par defaut & contumace. ibid.

baux à fermes des Prisons seigneuriales, comment seront faits, & la redevance anuuelle taxée, 82

Procedure contre un Accusé, jugée valablement faite à cry public, ce que les Juges ordonneront. 113

Procedures faites avec les Accusez volontairement, & sans protestation depuis leur appel, ne leur pourront estre opposées comme fin de non recevoir. 142

comment se feront les Procedures, en crime de faux. 46

Procés à un cadavre, en quels cas se fait. 135

comme instruit contre son Curateur. Voyez Cadavre. 136

l'Accusé & son Procés comment & en quel cas seront renvoyez aux Cours superieures. 153

Procés civil, peut estre poursuivy extraordinairement si les Juges voyant lieu à quelque peine corporelle, l'ordonnent. 130

Procés, comme sera fait à des Communautez de, &c. en cas de crime. 132

Procés verbal de l'état des blessez & du corps mort, & du lieu du delit, comme sera dressé. 17

Prevosts des Mareschaux laisseront aux prisonniers par eux arrestez, copie du *Procés* verbal de capture & de l'écroüe. 14

Procés verbal d'execution à mort sera mis au pied du jugement signé du Greffier. 115

Procés criminels, en quels cas peuvent estre évoquez par les Cours souveraines. 153

seront distribuez par les Procureurs generaux à leurs Substituts. 154

introduits és Cours superieures, comment distribuez. 155

dans quel temps & delay y seront renvoyez, n'yayant peine affl ctive, *&c. ibid.*

sera procedé à l'instruction des *Procés* criminels, nonobstant appellations, *&c.* 141

Procés criminels, comment pourront estre instruits & jugez, quoy qu'il n'y ait point d'information. 142

ne pourront estre jugez de relevée, s'il y a conclusions à mort, ou s'il y échet peine de mort naturelle ou civile, *&c.* 144. *&* 145.

Aux *Procés* qui seront jugez à la charge de l'appel, par les Juges royaux, quel nombre de Juges y assistera, & en quel lieu. 145

aux jugemens en dernier ressort, quel nombre sera requis. *ibid.*

Juges instruisans les *Procés ordinaires*, comme peuvent decerner decret de prise de corps, ou d'adjournement personnel. 130

comme pourront recevoir les parties en *Procés ordinaire.* 131

aprés confrontation l'Accusé n'y peut plus estre receu. *ibid.*

comment la voye extraordinaire peut estre reprise, nonobstant reception en *Procés ordinaire. ibid.*

Procés verbaux, ensemble les armes, *&c.* dans quel temps doivent estre remis au Greffe. 27

Procés verbaux des Presidens & Conseillers des Cours souveraines, & ceux des autres

autres Juges, comment pourront eſtre decretez. 53

Ceux des Sergens ou Huiſſiers, comment le pourront eſtre. ibid.

Procuration pour l'excuſe d'un accuſé, dequoy doit-elle eſtre aſſiſtée, pour eſtre reçeuë. 61

Procureurs du Roy és Juſtices ordinaires tenus envoyer aux Procureurs generaux un eſtat ſigné des eſcrouës & recommandations, de qui ſigné, & dans quel temps. 58

Procez criminels ſeront diſtribuez par les Procureurs generaux à leurs Subſtituts. 154

Procureurs des Juſtices Seigneuriales, obligez à meſme choſe. 59

Si les Procureurs du Roy & des Seigneurs ſont reçeus à prendre droict, par l'interrogatoire, & l'accuſé par les charges, que fera la partie civile. 89

Procureurs du Roy & des Seigneurs, quand bailleront leurs concluſions diffinitives. 139

ne les pourront donner de vive voix, ny aſſiſter à la viſite du procez. ibid.

injonction aux Procureurs du Roy & des Seigneurs, de pourſuivre les prevenus de crimes, auſquels il eſchet peine afflictive, nonobſtant tranſactions & ceſſions de droits, &c. 148

Si les Procureurs du Roy des lieux, ou ceux des Seigneurs ſont appellans, ce qui ſera à faire par les Accuſez. 156

Jugemens ſeront executez le jour de leur Prononciation. 149

Proviſions, comme pourront eſtre adjugées par les Juges. 63

ne pourront l'eſtre à l'une & à l'autre des parties. ibid.

n'en pourront donner qu'une ſeconde, & en quels cas. ibid.

Sentences de Proviſion ne pourront eſtre ſurſiſes, ny jointes au procez. 64.

comment ſeront executées. 65.

juſques à quelles ſommes, &

felon la qualité des Juges qui les auront renduës, elles feront executées nonobstant & fans prejudice de l'appel. *ibid.*

comme quoy les défenfes & furfeances pourront eftre données contre icelles. *ibid.*

deniers adjugez par *Provifion*, ne pourront eftre faifis pour frais de juftice, ny confignez, & fous quelle peine. 64

Provifion, voyez *Sentences des premiers Iuges.*

Q

SElon la *Qualité* des crimes, des preuves & des perfonnes, l'on ordonne adjournement à comparoir, ou prife de corps en matiere criminelle. 52

en application de l'Accufé à la *Queftion*, comment s'en fera le procez verbal. 21

quand les Juges pourront ordonner l'application à la *Queftion*. 126

Les Juges pourront ordonner, que nonobftant la condamnation à la *Queftion*, les preuves fubfifteront entieres, & pour quelle fin. *ibid.*

Accufé qui aura fouffert la *Queftion*, fans rien avoüer, ne pourra eftre condamné à mort fans nouvelles preuves. *ibid.*

Il pourra eftre ordonné par le jugement de condamnation à mort, que le Condamné à mort, y fera appliqué aux fins de revelation des Complices. 127

les feules Cours fouveraines peuvent ordonner que l'Accufé fera prefenté à la *Queftion* fans y eftre appliqué. *ibid.*

jugement de condamnation à la *Queftion*, comment dreffé & figné, & ce que doit faire le Rapporteur aprés iceluy. 128

Sentences de condamnations à la *Queftion*, ne feront executées fi elles ne font confirmées par Arreft. *ibid.*

Queftion en prefence de qui fera donnée. *ibid.*

Ce qui est à faire avant qu'-appliquer l'Accusé à la Question. *ibid.*

Commissaires ce qu'ils doivent faire à l'application à la Question. 129

deslié & osté de la Question n'y peut plus estre remis. *ibid.*

tiré de la Question sera de rechef interrogé sur les faits confessez ou niez. *ibid.*

une seule Question pour même fait, quelque nouvelle preuve qui survienne. *ibid.*

La peine de la Question, est la plus rigoureuse, aprés la mort naturelle. 146

Geoliers bailleront Quittance de ce qui leur sera payé. 75

R

LEttres de *Rappel de ban*, &c. seront enterinées sans examiner par les Juges, leur conformité aux charges & informations, sauf à, &c. 102

Rapport de Medecin, pour l'excuse de ne comparoir en justice par un Accusé, quel doit estre. 61

Rapport de Medecins & de Chirurgiens sera par eux affirmé veritable. 28

Comme doit estre signé & remis au Greffe. *ibid.*

qui doit assister aux *Rapports* ordonnez en justice. 29.

Rapporteurs pourront retirer les minutes pour s'en servir à la visite des procez, & quand les remettre. 35

que les Juges peuvent connoistre des *Rebellions* commises contre l'execution de leurs Jugemens en cas de, &c. 10 & 12

en cas de *Rebellion*, ce que doivent faire, les Huissiers, Sergens & Archers chargez de l'execution des decrets de justice. 56.

procez à qui fait pour *Rebellion*. 132 & 135

Receveurs des Amandes adjugées au Roy, s'en chargeront sans frais ny droits par forme de consignation. 143

quand tenus d'en compter. *ibid.*

Receveurs du Domaine, auſquels confiſcations ap-
partiennent , comment
joüiront des fruits des
biens des Condamnez
pendant les cinq années
de la contumace. 120

quand le Juge ordonnera
que les Témoins feront
Recolez en leurs depoſi-
tions & confrontez à
l'Accuſé. 91

feront recolez feparément.
92.

feront interpellez de declarer s'ils y veulent adjoû-
ter ou diminuer, & ce qui
fe fera en l'un ou l'autre
cas. 92 & 93

quand il eſt ordonné que les
Témoins feront *Recolez*
& confrontez, comment
fera preuve la depoſition
de ceux qui n'auront eſté
confrontez. 93

depoſition des Témoins à
defcharge, quoy que ny
Recolez ny confrontez, fera
leuë lors de la viſite du
procez. 94

quand la procedure contre
un Accuſé defaillant, eſt
jugée valablement faite,

les Juges ordonnent les
Témoins eſtre *Recolez* &
le *Recolement* valoir confrontation. 113

aprés le *Recolement* fait, le
procez fera derechef com-
muniqué aux Procureurs
du Roy, & à ceux des Sei-
gneurs, & à quel effet.
ibid.

quand il ne peut eſtre procedé au *Recolement* des
Témoins. 92

Recolement ne fera reïteré.
93.

il fera mis dans un cahier
feparé. *ibid.*

dans les crimes emportans
peine afflictive, le *Recolement* & confrontation qui
n'aura eſté faite, pourra
eſtre ordonnée fi les de-
poſitions font charge.
94.

Témoins qui depuis le *Recolement* retracteront ou
changeront leurs depo-
ſitions dans les circonf-
tances effentielles , comment punis. *ibid.*

Recommandations de Priſonniers , ce qui eſt à faire
pour eſtre valables. 71

quelles mentions elles doi-

DES MATIERES.

vent faire. *ibid.*

Reconnoissance des escritures & signatures privées, comment se fera en matiere criminelle. 42

mesme forme à observer en *Reconnoissance* de pieces pour la preuve du faux. 47.

Recusations proposées contre les Prevosts des Mareschaux, où doivent estre jugées. 17

Regiftre des Greffiers Garde-sacs, quel doit estre. 36

Celuy des Prevostez & Chaftellenies, où doit estre envoyé. 37

où celuy des Bailliages, Seneschauffées & Mareschauffées. *ibid.*

Regiftre des Greffiers des Geoles & des Geoliers, en quelle forme doit estre. 68

autre pour les papiers, hardes, & meubles des prisonniers, & comme il en fera usé. 69

Greffiers ny Geoliers n'y laifferont aucun blanc. *ibid.*

Lettres de *Remiffion*, pourquoy serõt accordées. 100

Impetrans Lettres de *Remiffion* pour cas non *Remiffibles*, & n'eftans conformes aux charges en feront deboutez. 109

parties *Renvoyées* pardevant les Juges en vertu de Lettres, &c. ce qu'ils devront faire & produire. 103

Témoins comme peuvent estre *Repetez.* 92

Témoin fera enquis de la verité des *Reproches* contre luy donnez. 96

Reproches doivent estre baillez fur le champ par l'Accusé contre le Témoin. *ibid.*

il n'y eft plus receu aprés la lecture de la depofition. 97.

il peut en tout eftat de caufe propofer *Reproches*, s'ils font juftifiez par écrit. *ibid.*

quels Juges peuvent juger en dernier *Reffort*, & en quels cas. 8

quand la competence eft jugée, il doit eftre declaré à l'Accufé, que le procez luy fera fait en dernier *Reffort*. 9 & 10

dérogation à l'Ordonnance, pour le particulier du Chaſtelet de Paris. 10.

hors le *Reſſort*, Prevoſts des Mareſchaux ne pourront recevoir plainte ny informer. 12

Revelations aux Monitoires, où & comment doivent eſtre envoyées. 41

quelles perſonnes en doivent avoir communication. *ibid.*

ce qu'il faudra faire pour obtenir Lettres de *Reviſion* de procez. 101

ce qui ſera attaché ſous le contre-ſeel deſdites Lettres. 103

ce que les parties renvoyées pardevant les Juges en vertu d'icelles devront faire, & produire. *ibid.*

impetrans Lettres de *Reviſion* ſuccombans, en quoy condamnez. 109

où ſe fera l'adreſſe des Lettres obtenuës par des perſonnes de qualité *Roturiere*. 104.

nez à mort. 150

Saiſie des meubles d'un Accuſé, en quelle maniere ſera faite. 111

la taxe des frais & *Salaires* des Témoins, par qui ſera faite. 34

Secretaires du Roy, quand & comment peuvent demander à eſtre jugez par la Grand' Chambre. 10 & 11

Seigneurs à qui confiſcation appartient, comment pourront recevoir les fruits & revenus des biens des Condamnez pendant les cinq années de la contumace. 120

défenſes à eux, de faire don deſdits biens pendant leſdites cinq années, ſinon des fruits des immeubles ſeulement. *ibid.*

quels & quand ſeront interrogez ſur la *Sellette.* 90 & 109.

Seneſchaux de quels cas peuvent connoiſtre. 6

Quand la *Sentence* dont eſt appel ne porte point peine afflictive, &c. & les Procureurs du Roy & des Seigneurs, n'en ſont appellans, dans quel temps le

S

Sacrement de confeſſion ſera offert aux condam-

Greffier doit envoyer le procez au Greffe des Cours superieures. 155

Sentences des premiers Juges contenans condamnations pecuniaires, selon la distinction de ceux desquels elles seront émanées, pour quelles sommes elles seront executées par maniere de provision. 143

quand la *Sentence* porte condamnation de peine corporelle, comment l'Accusé & son procez seront envoyez és Cours superieures. 153

Sentences de condamnation à la question ne seront executées, si elles ne sont confirmées par Arrest. 128.

appellations des *Sentences* preparatoires, interlocutoires, & diffinitives, dans les accusations pour crimes, qui meritent peine afflictive, où seront portées. 151

pour les autres crimes, où *ibid.*

Sentence Prevostale ne se peut rendre qu'au nombre de sept, quels, & ce qui doit estre fait pour sa validité. 20

Sergens chargez de l'execution des decrets, cequ'ils doivent faire en cas de rebellion. 56

l'Accusé estant muet ou *Sourd*, ce que doit faire le Juge. 112.

Voyez *Muet* & *Curateur*.

défenses ou *Surseances* contre les *Sentences*, prohibées, lesdites *Sentences* seront executées par provision, & quelles peines contre les parties & leurs Procureurs qui les auront poursuivies. 144.

Surseances de continuer l'instruction des procez criminels, ne pourront estre données par les Juges superieurs, sans voir les charges, & sans les conclusions des Procureurs generaux, &c. 152

Syndic de Communautez, pour quel effet nommé par elles. 132

ce qu'il sera tenu de subir pour elles, en cas de crime. 133

Voyez *Communautez.*

T

Tableaux & effigies où doivent eſtre attachez 114.

Taxe des frais & ſalaires des Témoins , par qui ſera faite. 34

Aſſignez pour eſtre oüis en *Témoignage* , comment contraints d'y ſatisfaire és cas de refus. 30 & 31.

Témoins par qui adminiſtrez de cas criminels. 30

enfans de l'un & de l'autre ſexe, au deſſous de puberté , receus à depoſer , & quel égard à leur depoſition. *ibid.*

Témoins , ce qu'ils doivent faire avant que d'eſtre oüis. 31

en quel cas peuvent eſtre oüis d'office. *ibid.*

dequoy ſeront enquis. *ibid.*

comment leurs dépoſitions ſeront redigées. 33

la taxe de leurs frais & ſalaires, par qui ſera faite. 34.

pourront eſtre oüis comme Témoins , ceux qui auront veu eſcrire ou ſigner pie-

ces ſervant à la conviction de l'accuſé , &c. 45

Témoins defaillans au recolement & confrontation, à quoy condamnez , & comment contraints. 91.

Témoins qui retracteront leurs dépoſitions, ou les changeront dans les circonſtances eſſentielles, comment punis. 94

Témoin ſera enquis de la verité du reproche contre luy donné. 96

declarations des *Témoins* faites depuis l'information, rejettées, & de la peine contre le *Témoin* & la partie civile 97

accuſé qui remarque quelque contrarieté ou circonſtance dans la dépoſition du *Témoin*, ce qu'il doit faire. *ibid.*

depoſition des *Témoins* decedez avant le recolement, quel égard on y doit avoir. 116

quel ſi le *Témoin* eſt decedé ou mort civilement, pendant la contumace, aprés le recolement. *ibid.*

Témoins, voyez *confrontation*.

Torture, Voyez *Queſtion*.

Nonobstant *Transactions* ou cessions de droits, les Procureurs du Roy & des Seigneurs , poursuivront incessamment les prevenus de crimes capitaux, ou ausquels il écherra peine afflictive. 148

à l'égard de tous autres, les *Transactions* seront executées. 149

Témoins pour la preuve des faits justificatifs , à la requeste de qui assignez , & par qui ouïs. 162

V

V Euve du condamné par contumace decedé avant les cinq ans , ce que fera pour purger sa memoire. 158. & 159

comment se pourvoira les cinq ans expirez. 158

quelles procedures seront observées. 159

Verification de signature en matiere criminelle, comment se fera. 42

Verification sur pieces de comparaison par qui sera faite. 44

Viande en quels jours, & en quels cas, peut estre venduë aux prisonniers par les Geoliers, ou à eux apportée de dehors. 77

Vicebaillifs & *Vicesenéchaux* de quels crimes peuvent connoistre. 7

tenus d'observer les mesmes reglemens des Prevosts des Maréchaux. 22

les personnes blessées pourront se faire *Visiter* par Medecins & Chirurgiens. 28

seconde *Visite* pourra estre ordonnée , & ce qui s'y doit observer. *ibid.*

Visites se feront chacun jour dans les cachots, par les Geoliers & Guichetiers , & à quelles fins. 74

par les Procureurs du Roy & des Seigneurs une fois par chacune semaine. 80

à la *Visite* des procés criminels, ne pourront assister les Procureurs du Roy, ny des Seigneurs. 139

Exception pour le Chastelet de Paris. 140

les *Voix* regleront les avis dans les jugemens diffinitifs , ou d'instruction , & comment. 146

FIN.

PRIVILEGE DU ROY.

LOUIS PAR LA GRACE DE DIEU ROY DE FRANCE ET DE NAVARRE : A nos amez & feaux Conseillers les gens tenans nos Cours de Parlement, Maistres des Requestes ordinaires de nostre Hostel, Grand Conseil, Baillifs, Senéchaux, Prevosts, & tous autres nos Officiers & Justiciers qu'il appartiendra, SALUT. Le soin que nous avons pris de reformer toutes les parties de la Justice en nostre Royaume, par les nouvelles Ordonnances que nous avons faites, demeureroit imparfait & privé d'une partie des fruits que nous en attendons, si nous n'apportions aucune précaution pour empescher les mauvaises éditions, peu correctes, mal à propos abregées ou amplifiées, qu'on pourroit faire de cet Ouvrage, aussi-tost qu'il aura paru au jour. A quoy on a toûjours estimé si necessaire de pourvoir en pareil cas, que celuy des Empereurs Chrestiens, que nous nous sommes proposez d'imiter dans ce travail, & qui s'est acquis une gloire si longue & si durable pour avoir reduit la Jurisprudence Romaine en un corps, n'a pas manqué de regler, & de reperer mesme jusques a quatre ou cinq fois, en diverses Constitutions au devant du Digeste & du Code, la maniere exacte dont il entendoit que toutes les copies fussent écrites, avec de tres-expresses & tres-severes défenses de les écrire autrement. Mais aujourd'huy que l'usage de l'impression nous donne plus de facilité à éviter de semblables inconveniens, Nous avons creu que sans descendre en un plus grand détail il suffisoit qu'une seule personne nous répondist durant un fort grand nombre d'années de toutes les éditions qui se feront du Recueil de nos Ordonnances, recevant nos ordres particuliers pour cet effet, sur les avis que nous peuvent donner nos principaux Officiers, & ceux mesme que nous avons employez à la conduite d'un si grand dessein. C'est pourquoi Nous aurions cy devant commis à cet effet Claude Preudhomme l'un de nos Valets de Chambre : mais ayant consideré depuis, qu'il estoit necessaire d'y commettre quelque personne d'autorité & de consideration, à la fidelité & intelligence duquel nous pûssions prendre une entiere confiance : A CES CAUSES, Nous aurions ordonné à nostre tres-cher & bien amé Cousin FRANÇOIS D'AUBUSSON, Pair de France, Duc de Roanez, Marquis de Boyfy, Comte de la Feüillade, & nostre Lieutenant General dans nos Camps & Armées, d'en prendre le soin ; & pour cet effet avons revoqué & revoquons par ces Presentes signées de nostre main, le Privilege cy-devant accordé audit Preudhomme par nos Lettres données à Saint Germain en Laye le dix-huitiéme jour de Decembre 1666, & avons permis & permettons par ces mesmes presentes à nostredit Cousin Duc de Roanez, de faire imprimer par tout nostre Royaume, païs, Terres, & Seigneuries de nostre obeïssance, en telle marge & tels caracteres, & autant de fois qu'il sera à propos, par tels Imprimeurs ou Libraires qu'il aura choisis, *Le Corps & Compilation de nosdites Ordonnances nouvelles*, soit en un seul ou plusieurs Volumes, & par matieres & traitez separez, sous le titre des *Ordonnances de* LOUIS XIV. *Roy de France & de Navarre*, & ce durant le temps & espace de *cinquante années*, à compter du jour qu'elles seront achevées d'imprimer pour la premiere fois : faisant tres-expresses défenses à toutes personnes, de quelque qualité & condition qu'elles soient, autres que celles qu'il aura choisies, de faire imprimer, vendre

ni debiter en aucun endroit de ce Royaume, ledit Ouvrage, sous quelque prétexte que ce soit; & à toutes personnes d'en acheter sans que la planche en taille-
douce que nostredit Cousin Duc de Roanez a fait graver par le nommé Mellan,
y soit apposée, ni sans estre signé au bas de la derniere page par le Libraire qui
l'aura vendu; mesme d'en apporter ni garder aucun exemplaire de ceux qui
pourroient avoir esté contrefaits aux Païs étrangers, à peine de vingt-mille
livres d'amende, payable sans déport, par chacun des contrevenans, applicable
un tiers à l'Hostel-Dieu de nostre bonne ville de Paris, un tiers a nostredit
Cousin Duc de Roanez, & un tiers au dénonciateur; confiscation des exemplaires, de tous dépens, dommages & interests, & d'autre punition arbitraire
s'il y échet, selon la qualité des contraventions. A condition que dudit Ouvrage il sera mis deux exemplaires en nostre Bibliotheque publique, & un en
celle servant à nostre Personne, en nostre Château du Louvre, au lieu appellé
le Cabinet des Livres, & un en celle de nostre cher & feal Chancelier de France
le Sieur Seguier, avant que d'en exposer aucuns en vente, à peine de nullité
des Presentes. Du contenu desquelles Nous vous mandons que vous fassiez
jouir pleinement & paisiblement nostredit Cousin Duc de Roanez, & ceux qui
auront droit de luy, sans permettre qu'il luy soit fait aucun trouble ni empel-
chement. Voulons qu'en mettant au commencement ou à la fin du Livre, copie
ou extrait des Presentes, elles soient tenuës bien & deuëment signifiées, & que
foy soit ajoûtée aux copies d'icelles collationnées par l'un de nos amez & feaux
Conseillers & Secretaires, comme à l'Original. Et afin que pendant que nostredit Cousin Duc de Roanez fait travailler ausdites impressions, ni aprés qu'elles seront achevées, personne ne présume sous prétexte d'ignorance d'en vendre ou acheter des exemplaires contrefaits: Voulons & entendons que copies
de ces mesmes presentes collationnées comme dessus, soient envoyées & regis-
trées en tous les Sieges Presidiaux, Bailliages, & Senéchaussées de nostre
Royaume, à la diligence de nos Procureurs Generaux, ausquels Nous enjoignons de le faire, à peine d'en répondre en leurs propres & privez noms. Mandons au premier Huissier ou Sergent sur ce requis, de faire pour l'execution des
Presentes tous actes necessaires sans demander aucune permission. C A R tel
est nostre plaisir. Nonobstant oppositions ou appellations quelconques; &
sans préjudice d'icelles; dont si aucunes interviennent, Nous nous reservons
la connoissance & à nostre Conseil, l'interdisant à toutes nos Cours & Juges:
Nonobstant aussi clameur de Haro, Chartre Normande, & autres Lettres à ce
contraires. D O N N E' à Saint Germain en Laye le quinziéme jour de May l'an
de Grace mil six cens soixante-sept, & de nostre Regne le vingt-quatriéme.
Signé, L O U I S. Et plus bas, Par le Roy, D E G U E N E G A U D, & scellé du
grand seau de cire jaune.

Registré sur le Livre de la Communauté des Libraires & Imprimeurs de Paris, le 25.
Juin 1667. suivant l'Arrest du Parlement du 8. Avril 1653. & celuy du Conseil
Privé du Roy du 27. Fevrier 1665. Signé, S. PIGET, Syndic.

Monseigneur le Duc de Roanez a cedé ledit Privilege à Thomas Jolly &
Denys Thierry, Libraires & Imprimeurs à Paris, pour la joüissance d'un tiers,
avec pouvoir d'y associer qui bon leur semblera, suivant le Contract du 20.
Janvier 1667. fait entre ledit Seigneur & lesdits Jolly & Thierry, & l'acte du 21.
May de la mesme année; le tout passé pardevant Notaires au Chastelet de Paris.

Lesdits Jolly & Thierry ont associé au tiers dudit Privilege R. Ballard, les Veuves Denys Thierry, Martin, Piget & la Coste, G. de Luynes, J. du Puis, C. Barbin, E. Loyson, R. Guignard & P. Auboin.

Cette nouuelle Ordonnance du mois d'Aoust 1670. a esté taxée par le Roy en son Conseil à cinquante sols en blanc.

EXTRAIT DES REGISTRES
de la Cour des Aydes.

VEU PAR LA COUR, les Chambres assemblées, les Lettres Patentes du Roy en forme d'Edit, données à S. Germain en Laye, au mois d'Aouſt mil ſix cens ſoixante-dix, ſignées, LOUIS : Et plus bas, Par le Roy, COLBERT, & à coſté, *Viſa*, SEGUIER, & ſcellées du grand ſeau de cire verte ; Par leſquelles ſa Majeſté fait vn Reglement general pour l'inſtruction de la procedure criminelle, qu'elle veut eſtre gardé & obſervé dans tout ſon Royaume, païs & terres de ſon obeïſſance, à commencer du premier jour de Janvier de l'année prochaine mil ſix cens ſoixante-onze : Autres Lettres Patentes du Roy en forme de Declaration, données à Paris le vingt-iéme jour de Decembre de ladite année mil ſix cens ſoixante-dix, ſignées, LOUIS : Et ſur le reply, Par le Roy, COLBERT, & ſcellées du grand ſeau de cire jaune ; Par leſquelles, attendu que par celles dudit mois d'Aouſt ſa Majeſté a reglé les matieres criminelles, deſquelles ſes Juges ordinaires, & Prevoſts des Mareſchaux doivent connoiſtre ; & que leſdites Lettres eſtant conceuës en termes generaux, leſdits Juges pourroient pretendre devoir connoiſtre des matieres, dont la juriſdiction appartient par les Ordonnances à ſes Cours des Aydes, & aux Officiers qui y reſſortiſſent : ce qui pourroit troubler l'ordre des juriſdictions, & ſeroit contraire à ſon intention, qui n'a point eſté de priver leſdites Cours, & les Juges y reſſortiſſans, de la juriſdiction qui leur appartient naturellement : pour ces cauſes & conſiderations ſadite Majeſté dit, declare, veut & luy plaiſt, que ſeſdites Cours des Aydes, les

Officiers des Elections, Greniers à fel, Juges des Traittes , Maiftres des ports , & autres Juges y reffortiffans, connoiffent tant en premiere inftance , que par appel, de ce dont la connoiffance leur appartient , & leur eft attribuée privativement à toutes autres Cours & Juges par les Ordonnances , Edits & Declarations, tant d'Elle , que des Rois fes predeceffeurs , laquelle Elle veut leur eftre confervée. Le tout ainfi que plus au long le contiennent lefdites Lettres à ladite Cour adreffantes. Conclufions du Procureur General du Roy : Ouï le rapport de Maiftre Jean Du Maits , Confeiller : Et tout confideré : LA COUR a ordonné & ordonne , que lefdites Lettres des mois d'Aouft , & vingtiéme Decembre mil fix cens foixante-dix, feront regiftrées au Greffe d'icelle , pour eftre executées felon leur forme & teneur, & copies collationnées d'icelles, enfemble du prefent Arreft , envoyées és fieges des Elections, Greniers à fel, & autres reffortiffans en ladite Cour, pour y eftre leuës & publiées, l'Audience tenant, & regiftrées aux Greffes d'iceux, à la diligence des Subftituts du Procureur General du Roy, qui en certifieront ladite Cour au mois. Fait à Paris en la Cour des Aydes le vingt-neuviéme jour de Decembre mil fix cens foixante-dix.

Signé ,

BOUCHER.

DECLARATION DV ROY

pour la conservation de la jurisdiction de la Cour des Aydes, & des Juges qui y ressortissent.

LOUIS PAR LA GRACE DE DIEU, ROY DE FRANCE ET DE NAVARRE: A tous ceux qui ces presentes Lettres verront, Salut. Nous avons par nostre Ordonnance du mois d'Aoust dernier fait vn Reglement general pour l'instruction de la procedure criminelle, par laquelle Nous avons entre autres choses reglé les matieres, desquelles nos Baillifs & Seneschaux, les Juges Presidiaux, les Prevosts de nos cousins les Mareschaux de France, les Lieutenans Criminels de Robecourte, les Vicebaillifs, & Vicesenefchaux doivent connoistre. Et dautant que nostredite Ordonnance estant conceuë en termes generaux, lesdits Juges pourroient pretendre devoir connoistre des matieres, dont la jurisdiction appartient par les Ordonnances à nos Cours des Aydes, & aux Officiers qui y ressortissent; ce qui pourroir troubler l'ordre des jurisdictions, & feroit contraire à nôtre intention, qui n'a point esté de priver lesdites Cours, & les Juges y ressortissans, de la jurisdiction qui leur appartient naturellement. A CES CAUSES, & autres considerations à ce nous mouvans, Nous avons dit & declaré, & par ces presentes signées de nostre main, disons & declarons, voulons & nous plaist, que nos Cours des Aydes, & les Officiers des Elections, Greniers à sel, Juges des

Traittes, Maiftres des ports, & autres Juges y reffortiffans, connoiffent tant en premiere inftance, que par appel, de ce dont la connoiffance leur appartient, & leur
eft attribuée privativement à toutes autres Cours & Juges par les Ordonnances, Edits & Declarations tant de
Nous, que des Rois nos predeceffeurs, laquelle Nous
voulons leur eftre confervée. SI DONNONS EN MAN-
DEMENT à nos amez f&eaux Confeillers, les Gens tenans noftre Cour des Aydes à Paris, que ces prefentes ils
ayent à regiftrer, & le contenu en icelles garder & ob-
ferver felon fa forme & teneur, ceffant & faifant ceffer
tous troubles & empefchemens qui pourroient eftre mis,
ou donnez ; nonobftant tous Edits, Ordonnances, Declarations, & chofes à ce contraires, aufquelles Nous
avons dérogé & dérogeons par ces prefentes : CAR TEL
EST NOSTRE PLAISIR. En témoin dequoy Nous avons
fait mettre noftre feel à cefdites prefentes. DONNE'ES
à Paris le vingtiéme jour de Decembre, l'an de grace mil
fix cens foixante-dix, & de noftre Regne le vingt-huit.
Signées, LOUIS : Et fur le reply, Par le Roy, COLBERT:
Et feellées du grand feau de cire jaune.

*Regiftrées en la Cour des Aydes, ouï le Procureur General
du Roy, pour eftre executées felon leur forme & teneur. Et
ordonné que copies collationnées d'icelles, enfemble de l'Arreft de verification, feront envoyées és fieges des Elections &
des Greniers à fel, & autres reffortiffans en ladite Cour, pour
y eftre leuës & publiées, l'audience tenant, & regiftrées aux
Greffes d'iceux, à la diligence des Subftituts du Procureur General du Roy, qui feront tenus de certifier ladite Cour de leurs
diligences au mois. A Paris en ladite Cour des Aydes, les
Chambres affemblées, le vingt-neuviéme jour de Decembre
mil fix cens foixante-dix.* Signé, BOUCHER.